大连理工大学管理论丛

软件外包项目团队认知与协作管理

曲　刚　著

本书由大连理工大学经济管理学院资助

科学出版社

北　京

内 容 简 介

随着全球经济一体化的发展,越来越多的发达国家选择将非核心业务全部或者部分外包,而将更多精力倾注在自身核心业务方面,以达到提高软件产品质量、缩短开发时间、节约开发成本、提高企业效益的目的。我国凭借软件人力资源丰富、成本低廉、市场活跃等方面的优势,逐渐成为软件外包市场中重要的承接地。软件外包项目团队作为跨地域、跨组织、跨部门的分布式知识型团队,具有知识型和虚拟性的双重特点。本书从交互记忆、社会认知、社会网络视角出发,进行基于社会认知的软件外包项目绩效研究、交互记忆系统与团队绩效的关系研究,以及 App 设计团队网络构型对绩效的影响研究。

本书适合进行软件外包项目管理方面研究的本科生和硕士研究生阅读。

图书在版编目(CIP)数据

软件外包项目团队认知与协作管理 / 曲刚著. —北京:科学出版社,2023.12
    (大连理工大学管理论丛)
    ISBN 978-7-03-070882-3

Ⅰ. ①软… Ⅱ. ①曲… Ⅲ. ①软件-电子计算机工业-对外承包-项目管理 Ⅳ. ①F407.676

中国版本图书馆 CIP 数据核字(2021)第 262124 号

责任编辑:陶 璇 / 责任校对:姜丽策
责任印制:张 伟 / 封面设计:无极书装

科学出版社 出版
北京东黄城根北街 16 号
邮政编码:100717
http://www.sciencep.com
涿州市般润文化传播有限公司 印刷
科学出版社发行 各地新华书店经销

*

2023 年 12 月第 一 版 开本:720×1000 1/16
2023 年 12 月第一次印刷 印张:12
字数:250 000
定价:130.00 元
(如有印装质量问题,我社负责调换)

丛书编委会

总　序

　　编写一批能够反映大连理工大学经济管理学科科学研究成果的专著，是近些年一直在推动的事情。这是因为大连理工大学作为国内最早开展现代管理教育的高校，早在 1980 年就在国内率先开展了引进西方现代管理教育的工作，被学界誉为"中国现代管理教育的摇篮，中国 MBA 教育的发祥地，中国管理案例教学法的先锋"。

　　大连理工大学管理教育不仅在人才培养方面取得了丰硕的成果，在科学研究方面同样也取得了令同行瞩目的成绩。在教育部第二轮学科评估中，大连理工大学的管理科学与工程一级学科获得全国第三名的成绩；在教育部第三轮学科评估中，大连理工大学的工商管理一级学科获得全国第八名的成绩；在教育部第四轮学科评估中，大连理工大学工商管理学科和管理科学与工程学科分别获得 A-的成绩，是中国国内拥有两个 A 级管理学科的 6 所商学院之一。

　　2020 年经济管理学院获得的科研经费已达到 4 345 万元，2015 年至 2020 年期间获得的国家级重点重大项目达到 27 项，同时发表在国家自然科学基金委员会管理科学部认定核心期刊的论文达到 1 000 篇以上，国际 SCI、SSCI 论文发表超800 篇。近年来，虽然学院的科研成果产出量在国内高校中处于领先地位，但是在学科领域内具有广泛性影响力的学术专著仍然不多。

　　在许多的管理学家看来，论文才是科学研究成果最直接、最有显示度的体现，而且论文时效性更强、含金量也更高，因此出现了不重视专著也不重视获奖的现象。无疑，论文是科学研究成果的重要载体，甚至是最主要的载体，但是，管理作为自然科学与社会科学的交叉成果，其成果载体存在的方式一定会呈现出多元化的特点，其自然科学部分更多地会以论文等成果形态出现，而社会科学部分则既可以以论文的形态呈现，也可以以专著、获奖、咨政建议等形态出现，并且同样会呈现出生机和活力。

　　2010 年，大连理工大学决定组建管理与经济学部，将原管理学院、经济系合并，重组后的管理与经济学部以学科群的方式组建下属单位，设立了管理科学工程学院、工商管理学院、经济学院以及 MBA/EMBA 教育中心。2019 年，大连理工大学管理与经济学部更名为大连理工大学经济管理学院。目前，学院拥有 10

个研究所、5 个教育教学实验中心和 9 个行政办公室，建设有两个国家级工程研究中心和实验室，六个省部级工程研究中心和实验室，以及国内最大的管理案例共享平台。

经济管理学院秉承"笃行厚学"的理念，以"扎根实践培养卓越管理人才、凝练商学新知、推动社会进步"为使命，努力建设成扎根中国的世界一流商学院，并为中国的经济管理教育做出新的、更大的贡献。因此，全面体现学院研究成果的重要载体形式——专著的出版就变得更加必要和紧迫。本套论丛就是在这个背景下产生的。

本套论丛的出版主要考虑了以下几个因素：第一是先进性。要将经济管理学院教师的最新科学研究成果反映在专著中，目的是更好地传播教师最新的科学研究成果，为推进经济管理学科的学术繁荣做贡献。第二是广泛性。经济管理学院下设的 10 个研究所分布在与国际主流接轨的各个领域，所以专著的选题具有广泛性。第三是选题的自由探索性。我们认为，经济管理学科在中国得到了迅速的发展，各种具有中国情境的理论与现实问题众多，可以研究和解决的现实问题也非常多，在这个方面，重要的是发扬科学家进行自由探索的精神，自己寻找选题，自己开展科学研究并进而形成科学研究的成果，这样一种机制会使得广大教师遵循科学探索精神，撰写出一批对于推动中国经济社会发展起到积极促进作用的专著。第四是将其纳入学术成果考评之中。我们认为，既然学术专著是科研成果的展示，本身就具有很强的学术性，属于科学研究成果，那么就有必要将其纳入科学研究成果的考评之中，而这本身也必然会调动广大教师的积极性。本套论丛的出版得到了科学出版社的大力支持和帮助。马跃社长作为论丛的负责人，在选题的确定和出版发行等方面给予了极大的支持，帮助经济管理学院解决出版过程中遇到的困难和问题。同时特别感谢经济管理学院的同行在论丛出版过程中表现出的极大热情，没有大家的支持，这套论丛的出版不可能如此顺利。

大连理工大学经济管理学院

2021 年 12 月

前　　言

随着全球经济一体化的发展，越来越多的发达国家选择将非核心业务全部或者部分外包，而将更多精力倾注在自身核心业务方面，以达到提高软件产品质量、缩短开发时间、节约开发成本、提高企业效益的目的。我国凭借软件人力资源丰富、人力成本低廉、市场活跃等优势，逐渐成为软件外包市场中重要的承接地。软件外包项目团队作为跨地域、跨组织、跨部门的分布式知识型团队，具有知识型和虚拟性的双重特点。团队成员之间如何进行快速有效的知识整合，既是软件外包项目成功的关键，也关系到接包方软件开发技能的积累和提高。

本书采用实证研究方法，从知识认知和社会认知两个视角出发，构建影响项目绩效的综合理论模型。引入交互记忆系统理论作为知识认知的有效解释机制，引入社会认知理论（social cognitive theory，SCT）、社会资本理论和社会认同理论作为社会认知的有效解释机制，分别探讨其对知识转移行为和项目绩效的作用。本书采用实证研究方法，在文献回顾的基础上，构建理论模型，提出相应假设，以软件外包项目团队作为调查对象，对北京和大连软件外包企业中的 154 个项目团队的成员进行问卷调查，然后使用 SPSS 20.0 软件对数据进行描述性统计分析，使用 SmartPLS 3.0 软件进行信度分析、效度分析、因子分析及结构方程模型分析，验证所提模型与假设。

（1）在软件外包项目团队中，知识认知的作用结果：交互记忆系统对项目绩效有显著的正向促进作用。外包承接企业应该注重团队中 TMS（transactive memory systems，交互记忆系统）的构建，促进团队形成有效的知识整合模式，进而促进项目绩效的改善。

（2）在软件外包项目团队中，社会认知的作用结果：团队结果预期、社会交互关系、共享语言、社会认同对项目绩效有积极的促进作用，自我效能对项目绩效具有反向促进作用，而信任和共享愿景对项目绩效不产生作用。外包承接企业应该注重团队中的社会关系和情感因素，促进成员知识共享与转移的态度和行为，进而促进项目绩效的改善。

本书通过现场实验方法，采用问卷调查共收集 42 支团队的实验数据。通过应用软件进行实证分析和检验后，针对本书的研究内容得出以下结论：第一，团队信任显著正向影响团队绩效，且交互记忆系统在团队信任与团队绩效的关系中起到完全中介作用；第二，团队信任对于交互记忆系统的形成具有正向作用，且该作用在高集中度的工具型社交关系网络条件下会更强；第三，交互记忆系统能够积极作用于团队绩效，且该作用在低集中度的情感型社交关系网络条件下会更强。

曲　　刚

2020 年 12 月

目　　录

第1章 绪　　论

1.1　研究背景

随着全球经济的迅猛发展和信息技术的快速进步，人类社会不可逆转地进入信息社会。跨国公司的战略调整以及系统、网络、存储等信息技术的迅猛发展，使信息技术和软件外包逐渐成为软件和信息服务产业中最有发展前途的领域。软件服务外包已然成为全球软件产业发展的一种潮流。以英国、美国、日本等为主要发包国，以中国、印度等为主要接包国的外包格局基本形成。20世纪80年代，我国开始承接国际软件外包项目，软件外包行业发展迅猛，逐渐成为软件外包市场中重要的承接地。

根据商务部的数据，2015年1~7月，我国企业签订软件外包合同金额638.2亿美元，执行金额478.6亿美元，分别同比增长7%和12.3%。其中离岸软件外包合同金额402.8亿美元，执行金额317.9亿美元，分别同比增长2.8%和9.6%；在岸软件外包合同金额204.6亿美元，执行金额136.2亿美元，分别同比增长15.1%和18%。我国软件外包承接企业应该依靠承接软件项目的过程，持续地从国外企业获取知识，提高本土企业的承接竞争力、技术能力，积累知识，抓住契机向软件产业链的上游发展，这是关系到我们国家软件外包产业未来发展的重要问题。

软件外包团队作为一种非常典型的知识密集型团队，团队成员之间怎样快速有效地进行知识转移与整合，既是软件外包项目成功的关键，也关系到接包方软件开发技能的积累和提高。知识整合是接-发包双方利用互动整合团队中的专长知识，以便双方可以互相利用对方所掌握的专长，促使项目成功完成。虽然软件外包能够给我国带来良好的经济效益，有利于软件开发技术的提高。然而，软件外包团队相对于传统团队类型而言，兼具知识型和虚拟性双重特征，致使接包方在知识整合过程中面临更多问题，导致项目不能达到预期的效果。所以，软件外包项目团队怎样建立快速有效的知识整合模式，吸引了众多企业和学者的探索。探究其影响因素与作用机制，对项目绩效的改善具有非同寻常的意义。

1.2　具体研究问题

软件外包项目团队是由跨地区、跨组织、跨部门的成员构成的分布式知识型团队,兼具知识型和虚拟性的双重特点。本书针对接-发包双方怎样进行知识转移与整合以改善项目绩效的问题,从社会认知的视角出发,引入社会认知理论、社会资本理论和社会认同理论,采用实证研究方法,构建社会认知影响项目绩效的理论模型。本书拟解决以下问题。

（1）从社会认知视角研究其对项目绩效的作用。以往学者对于团队中组织成员因素的研究,通常偏向于团队规模、文化异质性等表层概念,缺乏对成员行为动机本质的探究。社会认知、社会资本和社会认同等理论在解释个体行为动机及知识共享与知识整合方面具有各自的优势,且都已经被国内外学者所认同和证实。因此,本书在软件外包情境下,从社会认知的视角出发,将社会认知、社会资本、社会认同理论整合起来,探明社会关系与情感因素在知识转移与整合过程中的影响机制,以阐释社会认知对软件外包团队知识整合与项目绩效的作用。

（2）为我国的软件外包项目承接企业提供知识转移与整合的改进策略和方法。本书通过对收集到的问卷数据进行结构方程拟合,探明外包项目绩效的主要影响因素及实现路径,对知识转移和知识整合的作用机理进行探究,进而得到有效改善项目绩效的操作方法,为提升团队的知识转移与整合能力、促进项目的顺利完成提出改进策略与建议。

1.3　研究目的和意义

本书旨在探明在软件外包项目团队中,认知因素对项目绩效的影响机制,探究社会认知对知识转移与共享过程的影响,以期构建快速有效的知识整合模式,从而改善并提高外包团队的项目绩效。具体研究目标如下。

（1）构建影响软件外包团队项目绩效的知识整合模型。从社会认知的角度出发,引入社会认知理论、社会资本理论、社会认同理论,探明社会认知因素对项目绩效的作用过程与影响。

（2）针对我国软件外包项目团队如何利用社会认知来促进团队的知识整合模式以提高项目绩效,提供改进的策略和方法。

本书的成果对社会认知在外包团队中的应用具有理论意义和实践意义。

1. 理论意义

西方学者对外包的研究绝大部分都是发包方的视角,围绕外包的动机、外包过程风险控制、接包方的挑选等方面,对接包方的研究较少。本书在软件外包项目情境下，考虑到外包团队兼具知识型和虚拟性的特征，创新性地引入基于社会的认知理论，并将社会认知理论、社会资本理论、社会认同理论整合起来，共同作为社会认知视角的理论，扩展了社会认知视角，将其对知识转移和项目绩效的作用进行了探究，展开更全面、更系统的分析与验证，进一步探明社会认知视角的各因素的作用机理，促进了认知理论在外包团队知识管理中的应用，对认知理论的情境嵌入也有一定的价值。

2. 实践意义

随着我国企业人力成本的提高，软件外包承接企业不能再单纯利用人力成本低的优势来吸引发包方的项目，更应该通过承接外包项目的过程，学习发包方先进的企业管理经验和软件知识，积累和丰富企业的知识储备，提高员工的业务素质，提升企业的核心竞争力，增强自身在承接外包项目过程中的话语权，并逐步向软件外包产业链的上游发展，这是关系到我们国家软件外包产业未来发展的重要问题。本书的发现对外包团队构建有效的知识转移机制、提高外包项目的成功有着重要的实践价值。

1.4 研究方法与技术路线

1.4.1 研究方法

根据实证研究的规范过程，本书的开展使用定性研究与定量研究相结合、理论研究与实证研究相结合的方法。首先，对国内外相关文献进行研究，并在大连软件外包承接企业进行调研与访谈，提出理论模型和假设。其次，开发出调查问卷，对预测试数据进行分析，然后对初始问卷进行多次反复修改，形成完善的正式问卷，并进行大范围发放与回收。最后，对问卷数据进行分析，验证理论模型和假设。

（1）文献分析。本书利用 EBSCO、中国知网（CNKI）、万方等电子数据库，谷歌学术、百度学术及图书馆藏书，对软件外包领域及社会认知理论、社会资本理论、社会认同理论等相关文献，进行深入挖掘和研究，整理分析国内外学者的研究成果，找到其中的不足和突破点，形成本书的研究主题。

（2）实地调研与问卷调查。本书参考学者以往研究中开发或采用的成熟量表，结合软件外包情境进行改动。为保证调查问卷质量、使本书达到更好的效果，先对大连软件外包项目企业的高层进行访谈，进行小范围问卷发放，并依据分析结果对预测验问卷的相应题项进行修改，最后将正式问卷向大连、北京的 IBM、惠普、甲骨文、思爱普、埃森哲、东软等外包承接企业进行大范围的发放。

（3）数据分析。利用 SPSS 20.0 和 SmartPLS 3.0 软件对问卷数据进行分析，包括描述性统计分析、信度检验、效度检验、因子分析，以及结构方程模型分析等。根据分析结果验证模型和假设，得出讨论。

1.4.2　技术路线

本书的过程分为三阶段：提出问题，分析问题，解决问题。具体技术路线如图 1.1 所示。

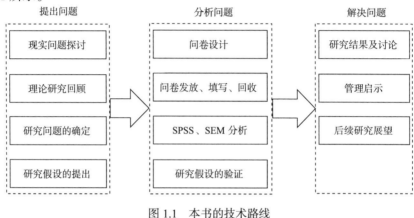

图 1.1　本书的技术路线

SPSS，Statistical Product and Service Solutions，统计产品和服务解决方案
SEM，Structural equation modeling，结构方程模型

1.4.3　章节结构

本书共包括七个部分，具体内容如下。

第 1 章：绪论。该章包括研究背景、具体研究问题、研究目的和意义及研究方法与技术路线等。

第 2 章：文献综述。该章对国内外学者所做的相关研究作回顾与归纳，共包括五个部分。2.1 节对软件外包的概念、发展及现状等进行阐述。2.2~2.5 节对社会认知理论、社会资本理论、社会认同理论的发展及相关研究进行总结归纳和详细介绍，阐明它们与知识整合和项目绩效的关系及影响，为本书的展开作理论基础。

第 3 章：社会认知的软件外包团队项目绩效研究。根据软件外包项目团队知识型和虚拟性的特点，从社会认知的角度出发，建立社会认知、社会资本、社会认同和项目绩效的理论模型，并提出研究假设，以期探明社会认知视角下团队的知识整合机制。

第4章：交互记忆系统与团队绩效的关系研究。本书主要采用实证研究方法来证明研究假设，该章介绍调查问卷的设计，企业调研访谈、预测验及修改题项的过程，以及问卷的发放与回收等。

第 5 章：APP 设计团队网络构型对绩效的影响研究。运用 SPSS 20.0 和 SmartPLS 3.0 软件对问卷数据进行分析。根据分析结果验证模型和假设，得出讨论。

第 6 章：团队信任、交互记忆对团队绩效的影响研究。以交互记忆理论为理论基础，通过实证探究影响 APP 设计团队绩效的前因。

第 7 章：研究结论与展望。该章对研究成果作出总结，阐述所做的贡献，并说明研究不足和未来进一步研究的方向。

第2章 文献综述

本章主要从社会认知这条脉络，对软件外包项目团队知识转移及项目绩效的影响进行研究，共包括四个部分。依次介绍软件外包相关概念、社会认知、社会资本和社会认同等理论的发展与相关研究。

2.1 软件外包相关概念

2.1.1 软件外包的概念

Prahalad 和 Hamel(1990)在 20 世纪 90 年代首次提出了"外包"(outsourcing)的概念。意为在资源有限的时候，组织为了降低成本、提高绩效、获取更大竞争优势、保留最核心业务、提高企业对环境的应变能力，而凭借外部的专业化资源对非核心业务进行整合，提升企业综合市场竞争力的一种管理模式。

软件外包(software outsourcing)指企业将软件项目中的全部或部分任务以外包项目合同的形式交给外部专业的软件服务商完成。软件外包中的主要参与者是发包方(outsourcing client)和接包方(outsourcing vendor)。其中，有开发需求和外包意愿的一方是发包方，有能力承接开发任务的一方是接包方。

2.1.2 软件外包的发展

软件外包有两个层面的含义。狭义的含义指与软件开发、软件测试有直接关联的信息技术外包(information technology outsourcing，ITO)。广义的软件外包在狭义的基础上，又包括业务流程外包(business process outsourcing，BPO)和知识流程外包(knowledge process outsourcing，KPO)。广义的外包起步于产业链低端的 ITO，IT 技术的快速发展使外包继而扩展到 BPO，BPO 对接包方的管理和服务有更高的要求，涉及基于信息技术的业务流程，包括企业的管理、运营和维护。比 BPO 更高端的 KPO 包括工业设计、市场研究和数据管理等。具体发展如表 2.1 所示。

表 2.1　软件外包的不同发展阶段

阶段	类型	出现时间	主要特征	具体内容
第一阶段	ITO	20 世纪 80 年代	劳动密集型	IT 系统操作服务、系统应用服务和基础技术服务等
第二阶段	BPO	20 世纪 90 年代	劳动密集+知识密集型	企业（机构）内部管理服务、业务运作服务及供应链管理服务等
第三阶段	KPO	2000 年以后	知识密集型	设计外包更高技能的核心业务和流程，如研发、产品设计等

资料来源：中国服务外包研究中心

2.1.3　软件外包的现状

1. 产业整体发展快速

根据中国产业信息网发布的《2015~2020 年中国 IT 服务行业调研及未来趋势报告》，2012~2013 年，我国进入加快转变经济转型的重要关口。国内经济结构调整的宏观发展背景为软件服务外包创造了巨大的市场，国家政府也高度重视软件外包产业发展。在各方因素的推动下，2012 年与 2013 年我国软件外包产业收入规模分别达到 5 081 亿元、6 834 亿元，同比增速分别为 32.5%、34.5%，持续三年保持了 30% 以上的增长，2014 年收入规模约 8 885 亿元，同比增长了 30.01%，展现出我国软件外包产业稳健的增长水平。

2. 产业结构日趋优化

我国的外包产业结构正在从 ITO 逐渐朝 BPO 和 KPO 方向扩展。ITO 业务仍然居于产业中的主导地位，是外包产业的主要业务范畴。2013 年全国 ITO 合同数 88 240 份，执行金额同比增长 31.6%。BPO 业务继续快速增长，2013 年签约合同数 26 640 份，执行金额同比增长 32.6%。KPO 业务爆发性增长，2013 年 KPO 合同数和执行金额全面超过 BPO 业务，签约合同数 52 542 份，实现合同执行金额同比增长 52.3%。外包产业从单纯的 ITO 业务逐渐朝多元化发展，使得产业结构日趋优化。

2.1.4　软件外包的项目绩效

本书对软件外包的国内外相关文献进行回顾后发现，对于软件外包项目绩效的衡量，目前学术界尚没有形成统一、确定的标准。现有研究主要有两个角度，大多数西方学者是从发包方的角度开展的，一些国内研究者是从接包方的角度开展的。

从发包方的角度看，外包项目绩效主要体现在项目能否取得成功，大多数研究都认同将进度、成本和质量当作软件外包项目绩效的评价标准。Lamersdorf 等（2004）把成本控制、质量控制、时间控制等当作软件外包项目成功的衡量标准。邓春平和毛基业（2008）把成本控制和质量控制当作对软件外包项目绩效的衡量指标。Oshri 等（2008）学者认为，应当把成本节约、服务质量、满意度作为发包方衡量外包绩效的评价标准。Mao 和 Yang（2012）认为，应该把项目质量和成本控制当作软件外包绩效的衡量指标。对于软件外包团队而言，按时、保质保量地完成发包方交付的外包任务，是项目的最基本要求，关系到接包方在激烈的市场中保持竞争力、接包方企业的良好运转及企业信誉。

此外，不少学者也将发包方的满意度作为项目绩效的评判标准之一。Heeks 和 Arun（2010）指出，外包项目成果的最终用户是发包方，发包方的满意度直接关系到项目能否通过验收、能否顺利完成，所以发包方的满意度是评价项目成功的一项重要标准。Kim 等（2005）的研究也指出，应该把发包方的满意度当作衡量外包项目成功的标准之一。这是因为，发包方对外包项目成果的肯定不仅关系到本次项目的顺利完成，更关系到接-发包双方未来合作关系的延续。

对于接包方而言，外包项目绩效除了单纯的项目成功，还应包括知识的学习与积累，以及技术和能力的提高与应用。例如，接包方从发包方学习到的行业知识、流程管理知识、项目管理知识、合同管理知识，以及项目设计能力、信息技术应用能力、技术技能等的提高。邓春平和毛基业（2008）从接包方的视角出发，认为软件外包的项目绩效应当涵盖项目进行过程中的知识转移、技能转移及能力的提高等方面。外包项目中的知识转移，是我国接包方企业学习发包方先进知识和技术能力，增加自身知识积累，提高企业核心竞争力，力争向产业链中上游发展的重要动力。

在本书中，从接包方的角度出发，选取知识转移绩效和项目成功两个角度对软件外包团队的项目绩效进行研究。

2.2 社会认知理论

2.2.1 社会认知的发展

20 世纪 70 年代，美国学者 Bandura（1977）在对社会行为进行长期的观察与研究之后，认为人们的行为与认知活动存在着密切的因果联系，外在环境与内在思维共同决定着行为的产生。于是，Bandura（1977）将认知的概念添加到传统的行为主义理论中，提出了社会认知理论，该理论迅速兴起并成为心理学研究的重要领域之一，吸引了众多学者的广泛关注，被用于各种领域的研究之中。

社会认知理论认为，一个人的行为会部分地受到社会网络（即社会系统）和人的认知（如预期、信念等）的影响与控制。Bandura（1977）提出了著名的三元交互决定论（triadic reciprocal determinism）。该理论认为，人的行动是主体认知、个体行为和所处的外部环境相互作用的结果。人的行为产生于自我认知、预期系统和外部环境之间的相互作用，同时人的行为在一定程度上又能够反作用于自身的认知、自我信念和外部环境。社会认知模型如图 2.1 所示。

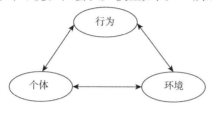

图 2.1　社会认知模型

Bandura（1977）提出了认知的两大核心概念：自我效能（self-efficacy）和结果预期（outcome expectations）。

Bandura（1977）认为，在影响行为的内、外部因素之中，内部因素比外部因素起着更重要的作用，自我效能的概念就此被提出。根据 Bandura（1977）的定义，自我效能指的是人们对自身在某一领域中完成特定任务所需能力的信心或信念。也就是说，自我效能是个体对自身能力的自信程度，而非能力本身。

结果预期指的是对某种行为有可能产生的结果进行预测和判断。根据社会认知理论，当人们认为某类行为能够带来好结果的时候，他们极有可能会采取此类行为。信息系统方面的几个研究为这个论断提供了支持。在过去的十年（2010 ~ 2020 年）中，信息系统方面的文献已经描述了结果预期在预测和改善计算机培训性能、计算机使用和网络行为等方面的重要性。

2.2.2　社会认知的相关研究

知识管理虽然看似管理的是知识和信息，但归根结底还是对人的管理。人可以分享知识、获取知识、转移知识、积累知识、利用知识，但是知识并不能操控人，所以知识管理的关键在于人。

处理知识共享和知识转移问题的重点是，利用团队成员个体特性和组织环境之间的交互作用，增强成员进行知识共享的意愿，并激励这种行为。社会认知理论已经被广泛地应用于理解和预测个体与群体行为特征，并识别哪些方法可以改变行为。

国内外学者对于社会认知理论在知识整合方面的研究，目前大多数侧重于通过虚拟社区环境中成员的行为，来探讨社会认知对知识共享行为的影响。Huang 等（2008）对 192 名台湾地区公司员工的研究发现，在知识管理系统中，员工的社会认知和技术接受程度都能够影响知识共享。Zhang 等（2003）发现，在虚拟社区中，当成员预期会获取有价值的知识、收获其他成员的友情和援助时，将会选择执行知识共享的行为。

在知识共享的研究中，社会认知理论在解释团队成员行为方面更有说服力，能够从更深的层面探讨知识共享行为的促进，在处理知识转移与整合方面更具优势。以往学者的许多研究成果都能够通过该理论得到解释和概括。关于认知能力的研究能够通过自我效能进行解释，关于组织外部激励的研究能够通过团队结果预期进行解释。

Hsu 等（2012）的实证研究发现，在虚拟社区情境中，自我效能对知识共享行为有着积极的促进作用，并通过结果预期间接作用于这种行为。赵越岷等（2010）的研究发现，在虚拟社区中，自我效能对消费者的信息共享意愿产生正向的影响，并通过这种意愿间接地影响其实际的信息共享行为。在虚拟社区中，对社区相关的结果预期和个人相关的结果预期通过信息分享意愿间接作用于信息分享行为，而自我效能直接作用于信息分享行为。

软件外包项目团队的成员行为和虚拟社区环境中的成员行为有着许多相似之处，团队成员的自我效能和对团队结果的预期也能够对团队成员的知识整合行为产生某种作用。所以，本书引入社会认知理论，探究其在解释外包团队知识整合方面的作用，为更好地促进项目绩效进行理论探索。

2.3　社会资本理论

2.3.1　社会资本的发展

社会资本理论（social capital theory）的概念起源于 Jacobs（1962）的社群研究，经过 Coleman（1988）、Bourdieu（2010）的阐释和发展，逐步成为社会学、经济学和管理学等学科共同关注的领域之一。

社会资本理论为知识管理开辟了一种新的研究角度。Nahapiet 和 Ghoshal（2000）、Ibarra（1993a）发现，组织中的社会资本形态，能够对组织内部的知识流动和知识创造产生作用。

关于社会资本维度的划分，以往的国内外学者基于不同的研究领域和研究内容，划分方式不尽相同。有单一维度的，也有多维度的。在众多研究中，对社会资本的维度划分方式不尽相同，国外学者 Nahapiet 和 Ghoshal（2000）将以往国内外学者对于社会资本理论的单维度定义进行了总结归纳，并将共同认知纳入其中，提炼总结出了新的内容，因此此划分具有划时代的意义。

Nahapiet 和 Ghoshal（2000）认为，社会资本包含结构维（structural dimension）、关系维（relational dimension）和认知维（cognitive dimension）三个维度。其中，结构维包含网络联系、专用组织和网络结构；关系维包含信任、规范、认同和义务；认知维包含共享定义和共享语言。这种划分为后来的研究提供了强有力的依据。

本书根据研究目的和软件外包团队的特征，对三个维度的子内容进行了改动。本书同样选择结构维、关系维和认知维来研究社会资本。其中，结构维包括社会交互关系（social interaction ties），关系维包括信任（trust），认知维包括共享语言（shared language）和共享意愿（shared vision）。

2.3.2 社会资本的相关研究

Adler 和 Kwon（2002）指出，社会资本的三个维度与知识共享效果的影响因素之间存在一定的对应关系，如表 2.2 所示。因此，社会资本对于团队知识共享与转移的作用，最终是通过各个维度来产生影响的。

表 2.2 社会资本各维度与知识共享的关系

社会资本维度	知识共享效果影响因素
结构维	知识共享机会 个体间互动
关系维	知识共享意愿 个体间关系
认知维	知识共享能力 组织因素：组织文化、组织氛围等

1. 结构维

本书中的结构维主要指的是社会交互关系。在组织中，较强的社会交互关系意味着团队成员之间频繁地互动，这种互动能够模糊人员之间、部门之间的界限，能够促使跨部门的合作顺利实现，从而提高整个组织的知识转移水平和项目绩效。从社会关系角度解释知识转移的机理，可以认为社会资本中的网络密度、网络中心性及结构洞等变量能够影响知识转移的效果。

2. 关系维

本书中的关系维主要指的是信任。在虚拟团队中，信任被认为是影响信息系

统组织绩效、智力资本交换、组织价值创造和知识共享等的一个重要的前提。Uzzi
和 Lancaster（2003）等学者的研究发现，网络成员之间建立的信任关系能够帮助
重要信息在成员之间进行交换、整合。同理，如果成员之间的信任关系比较弱，
就会对组织内的知识转移造成影响。

3. 认知维

本书中的认知维主要指的共享语言和共享意愿。认知维和知识共享及知识转
移能力存在着紧密的关系。如果共同的认知不存在，那么团队成员就没有办法对
任务和知识形成统一的理解，在合作的过程中，就可能导致冲突和误解的发生。

如果团队成员具有相似的知识背景，那么他们获取、吸收知识的能力将会更
强。如果团队成员对于团队的知识和工作具有相同的解释和理解，那么他们可以
更加准确地预测其他团队成员的知识和行为，进而促进知识的交换与整合。

以往国内外学者的研究已经证实了社会资本和知识转移的过程、绩效紧密
相连。社会资本可以扫除知识转移的阻碍，提高其效率和效果，促使其能够成
功完成，最终提高知识密集型团队的绩效。Nahapiet 和 Ghoshal（2000）发现，
社会资本的三个维度都能够对知识转移与知识整合产生积极的作用。Yli-Renlco
等（2001）在研究技术型创新企业的时候发现，社会资本和知识获取之间存在
显著的正相关关系。Manu 和 Walker（2006）的研究发现，社会资本能够影响知
识黏性，从而促进有效的知识转移。柯江林等（2007）的研究指出，在对知识
转移的影响中，结构维决定知识转移的机会，关系维改变知识转移的意愿，认
知维决定知识转移的能力。张娜和陈学中（2007）发现，在团队之中，社会资
本能够作用于成员对知识转移的心理认知，是影响绩效的重要变量。罗家德
（2010）的研究发现，社会资本的结构维和关系维都对知识分享具有直接作用，
认知维通过关系维对知识分享产生间接作用。

社会资本理论在团队的知识共享与转移方面，有着非常强的解释力。该理论
对知识团队的影响体现在能提高团队凝聚力，促进团队成员的态度和行为，有利
于知识的传递、交换和转移，进而对知识整合和项目绩效产生作用。以往学者的
研究通常从整个社会资本的角度来开展，关于社会资本各维度的具体影响研究比
较少。软件外包项目团队是接-发包双方利用互联网技术联系起来的，在一定的边
界内形成社会关系，知识是外包团队最关键的资源。因此在软件外包情境下，分
别探索社会资本各个维度对于知识转移与项目绩效的影响，较之对社会资本整体
的研究，更具理论和实践意义。

2.4 交互记忆系统理论综述

2.4.1 交互记忆系统概念

交互记忆（tansactive memory）最初起源于外援记忆（external memory）。过去的社会心理学方面的研究总是过于关注个体自身的记忆的编码、储存和提取过程，而忽视了人们是有"偷懒"习惯的，总是会通过通讯录、笔记本、软盘等外部的信息储存媒体来帮助自身记忆重要信息。Wegner 等（1985）首先提出这个概念，他在研究亲密伙伴，如夫妇之间的记忆时发现，这种具有亲密关系的个体，他们是通过依赖对方来记住重要信息从而解决问题的。Wegner 等（1985）据此指出，在一个群体当中，每个人不会去掌握他所需要的全部的知识，而是会让别人来帮助他记忆，也就是我只要知道谁知道我所需要的知识就可以了，从而每个人直接或间接地掌握了大量的知识。此时，知识的交流方向不是单向的，而是双方向甚至是多方向的，因为在自己借助他人来记忆知识时，自己也会成为他人的记忆助力。群体内的互记忆过程就此形成。因此 Wegner（1987）将交互记忆系统定义为一种合作性的分工系统，通过交互记忆系统，团队进行集体编码、存储和检索来自不同领域的信息知识进而完成团队任务。交互记忆系统的形成通常是基于亲密关系发展起来的。

Wegner（1987）指出团队成员在长期的相互沟通与协作中，会逐步了解团队中每个成员都会什么、谁在哪些领域比较擅长，从而形成了有关团队知识分布的"知识目录"。由于团队成员对每个人所具有的专长达成了共识，所以成员会逐步倾向通过与其他成员交换和共享知识来达到记忆大量知识的目的。在团队成员相互传递知识的过程中，当团队成员知道某一成员精通什么领域时，今后就由这位成员专门来负责处理该领域相关的问题了，从而达到了效率的最大化。成员在完成任务期间不免要遇到自己不擅长的领域，于是根据自己脑中已形成的"知识目录"，快速地找到该领域的专家，该专家运用自己的知识来解决困难，从而减轻了每位成员的负担。交互记忆系统并不要求每个成员掌握与项目或任务相关的全部知识，而只需要团队成员在脑海中形成一个目录，知道将知识传递给谁和从谁那里获取知识。它将知识进行分布式的存储，并高效地交换，可以使知识型团队更有效、更快速地解决问题，增强团队的知识处理能力。

交互记忆系统解释了高效率团队是如何传递、共享和整合团队资源和知识的，是如何解决难题的，解释了团队成员是如何相互合作提高绩效的。成熟的团队比新建的团队的工作效率高，这正是由于团队成员经过长时间的磨合形成了成熟的交互记忆系统。因此交互记忆系统一提出，便受到了诸多学者的关注并且他们将交互记忆系统广泛地用于研究知识型团队当中。另外，Weick 和 Roberts（1993）提出集体心智（collective mind）的概念。它与交互记忆系统有一定的相似性，但在本质上与交互记忆系统仍有一定的差别。集体心智关注人们行动上的相互联系，而交互记忆系统则关注知识的编码、存储和检索。Yoo 和 Kanawattanachai（2001）的研究也表明，在不同的时期交互记忆系统和集体心智发挥的作用是不同的。综上所述，交互记忆系统由团队层面的成员记忆及成员间的交互组成，如图 2.2 所示。

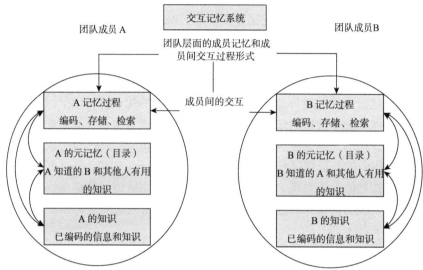

图 2.2　交互记忆系统的概念

2.4.2　交互记忆系统的过程

Wegner（1995）指出人类思维的交互形成了一个与计算机网络具有某些重要相似性的记忆系统。当我们想要得到一些信息时，就必须建立并进入这样一个网络。计算机模型告诉我们，形成组织——目录更新（directory updating），然后将信息引导到正确的地方——信息分配（information allocation），并具有回收策略——检索协调（retrieval coordination），这就是交互记忆系统的交互式过程的三个阶段。其中，目录更新过程既促使了形成交互记忆系统，同时又维护了交互记忆系统。信息分配过程和检索协调过程则是对团队中现有的交互记忆系统的应用。

1. 目录更新

目录更新也被称为专长再认（expertise recognition），是指团队成员了解其他成员擅长什么领域而不用了解具体信息的过程。该过程的基础是团队达成的对"知识目录"的共识。这对各成员进行沟通与协作是极为重要的。在达成共识后，成员通过自我报告或开会交流的方法来了解团队其他成员的专长领域然后更新自己的知识目录。

2. 信息分配

信息分配是指团队成员将吸收来的新知识传递给最适合存储该知识的成员的过程。不将知识编码存入自己的知识目录可以避免重复的劳动和使个人的知识储备更加专业化，形成一种差异化的集体记忆，从而推动交互记忆系统的发展。

3. 检索协调

检索协调是指当成员的能力不足以完成任务而求助于团队中的专家时检索特定的信息的过程。当其求助的专家不足以帮助他完成任务时，他可以通过检索该专家记忆中的知识分布目录来找到其他专家从而帮助其解决所遇到的问题。这就是交互记忆系统的优点。

2.4.3　交互记忆系统的测量

测量交互记忆系统的方法主要有两种：实验室研究和现场研究。

实验室研究测量交互记忆系统主要是通过回忆测量法、行为观察法、自我报告法等三种方法来测量交互记忆系统的情况。

回忆测量法就是通过设置一定的情境，根据被测试者及与被测试者一起参与任务的伙伴回忆起来的每个人的知识或信息的内容、结构和数量来推断群体中是否存在交互记忆系统和它的量。在许多二元关系的交互记忆的研究中，学者们采用记忆单词的方法来测量交互记忆系统。例如，在不同的环境下，通过回忆的方法测量不同组合的两个人回忆单词的数量、准确性并且进行对比从而测量交互记忆。

行为观察法是指对被试在实验状态下的行为进行观察和评估的测量方法。Liang 等（1995）用录像的方式记录下各小组组装收音机的过程并观看录像再结合调查问卷测量各组的交互记忆系统存在的情况。

自我报告法是指参与实验者在实验完成后，研究者与实验者进行谈话、对参与实验者进行问卷调查等，把参与实验者的回答、感想记录下来，再根据一定的方法反映出交互记忆系统的情况。

以上三种测量交互记忆系统的方法均有一定的缺陷。其一，现实中任务往往比较复杂，碰到的问题也会非常困难，完成任务和解决困难的方法通常有很多种，并且是不确定的，另外现实中的团队中各个成员间也是非常复杂的。然而实验室内的任务却比较简单，并且解决方案一般来说是确定且唯一的。其二，通过实验得出的结果一般来说只能适用于普通的团队，不同类型的团队可能得出的结果不太一样，如这三种方法就无法适用于虚拟团队。

针对实验研究方法的不足，人们期望通过现场研究进行弥补。在现场研究中，交互记忆系统的测量方法必须满足两个主要条件：第一，测量方法必须在理论上与 Wegner（1987）对交互记忆系统的定义相一致，即，该方法测量的不仅是交互记忆本身，而且还应包括能够体现交互记忆应用的协作过程；第二，测量方法必须适合现场环境，适用于不同的群体和任务。

因此为了克服这些测量方法的不足，Lewis（2003）在总结大量以往研究的基础上，利用 124 个模拟团队，64 个学生团队及现实中的高科技工作团队，严格按照量表开发的程序开发出了测量交互记忆系统的量表，并且证明了该量表具有良好的信度和效度。此外，Lewis 还提出了交互记忆系统的三个行为特征维度：

（1）专长度（specialization）：是指团队成员间互相感知专长、知识与信息的程度。

（2）可信度（credibility）：是指团队成员间互相信任专长、知识与信息的程度。

（3）协调度（coordination）：是指团队成员间充分整合并利用彼此的专长、知识和信息的程度。

此外，张志学等（2006）利用 39 支营销团队、96 支研发团队、24 支生产或质量管理团队，以及 31 支其他团队等共计 190 支团队的真实工作检验了团队交互记忆系统与目标导向、团队绩效、凝聚力等因素的相关性，检验了 Lewis 开发的量表并且删除了原量表中两个不太理想的题项。

2.4.4　交互记忆系统的相关研究

自从 Wegner（1995）提出交互记忆系统这一概念至今，已有许多专家学者对交互记忆系统进行了详细深入的研究。国内外有关交互记忆系统的研究纷繁复杂，但可以按交互记忆系统的溯源和发展大致分为三类。

1. 交互记忆系统的前因变量

基于 Mathieu 等（2008）提出的团队效力框架，交互记忆系统的前因可以分为三个层次：团队成员层次的输入、团队层次的输入、组织层次的输入。团队成员层次，有学者研究了群体成员的人口统计与个性特征对交互记忆系统的影响。Pearsall 和 Ellis（2006）发现，团队关键成员的自信会通过正向影响交互记忆系统进而促进团队绩效与满意度，因为自信的成员知道如何有效地沟通和分享想法，因此可以努力促进团队背景下的信息沟通和流动。在团队层面上，Zhang 等（2007）

检验了任务互依性与交互记忆系统的相互关系。由于每个团队成员的任务之间具有一定的关联性，因此他们需要其他团队成员的信息、材料和支持，所以需要通过相互沟通来了解任务所需的知识，从而促进了交互记忆系统的形成。在组织层面上，团队面对的环境如急性压力也受到学者们的关注。Ellis（2006）运用信息处理理论框架，对 97 个工作团队在命令控制仿真实验下进行研究，发现急性压力会消极影响交互记忆系统的过程，进而影响团队的输出结果。

2. 交互记忆系统的结果变量

与交互记忆系统的前因相比，大多研究关于交互记忆系统对群体输出显示的结果更为一致。交互记忆系统可以影响到的结果，大致也可以分为三种类型：团队行为绩效、团队结果绩效和成员情感结果。团队行为绩效一般包括团队反思、团队学习和团队创造力。团队结果绩效一般包括效力与效率。成员情感结果一般包括成员承诺和满意度。在团队行为绩效方面，Dayan 和 Basarir（2010）对土耳其新产品团队的研究表明，交互记忆系统和团队反思性之间存在正相关关系，通过它可以反映团队成员的团队目标、战略及适应环境情况的程度，他们的研究也进一步展示了团队反思与产品成功之间的关系。另外在实验室研究方面，Gino 等（2010）也发现，具有更发达的交互记忆系统的小组在创造产品方面比具有不太发达的交互记忆系统的小组表现出更高水平的创造性。在团队结果绩效方面，Choi 等（2010）通过对韩国 139 个信息技术团队进行实证研究发现，交互记忆系统通过直接影响知识共享及应用，间接促进团队绩效。在成员情感结果方面，Michinov 等（2008）调查了在法国医院工作的护士和医生麻醉师，发现更高的交互记忆系统分数更能提高团队效率及提高团队成员的工作满意度。

3. 交互记忆系统与团队绩效之间的调节变量

除了研究交互记忆系统的前因和结果变量，还有很多学者关注交互记忆系统与团队绩效之间的关系受到第三方因素的调节作用。因为交互记忆系统对团队结果的影响在团队规模、任务类型、动荡环境、成员变化、团队虚拟化等整体环境中是不同的。例如，曲刚等（2016）研究了 170 个北京和大连的软件外包团队，发现在这些团队中，交互记忆系统与项目绩效之间的关系同时还受到项目动态复杂性的调节作用。Rau（2005）的调查结果显示，定位专长与知识的位置与团队绩效的关系受到团队成员之间人际关系冲突的负面调节，在高人际关系冲突的环境下，专业知识位置的意识与绩效之间并没有显著的关联。Mell 等（2014）通过多人学生团队，在不同的情境下设置不同团队的交互记忆系统的知识分布结构，发现交互记忆系统对团队绩效的影响受到团队知识分布的中心化程度的影响。

2.5　社会认同理论综述

2.5.1　社会认同理论的背景

1. 种族中心主义

种族中心主义将本民族的文化模式当作中心和标准,以此衡量和评价其他文化,常常敌视和怀疑自己不熟悉的文化模式。由此可见种族中心主义是基于文化的认同出现的。相对于种族这个概念,种族中心主义只是一种表现形式,一种理论。

种族中心主义(ethnoentrism)最根本的表现就是内群体偏好(in-group favoritism)和外群体歧视(out-group derogation)。现实冲突理论(realistic conflict theory)是最早解释种族中心主义的理论。在一个儿童夏令营实验中,互不认识的儿童被分为蛇与鹰两组,当两组进行竞争活动时,两组之间的冲突加剧,而当水资源短缺时,两组均已成为对方的敌人,而小组内部具有高水平的认同感和向心力,而两小组互相报以仇视的心态。这个实验揭示了群体间态度和行为反映了一个群体和其他群体之间的客观利益。如果群体目标不一致,一个群体以其他群体的利益为代价而获得自己的目标,就会出现竞争,因此,群体间就倾向有歧视的态度和相互的敌意。另外,如果群体目标是一致的,所有群体都朝同一目标努力,那么他们彼此之间更易于建立共同的、友好的、合作的关系。

2. 社会交换理论

人类的一切活动都是带有一定功利性的,也就是希望能从活动中交换到自身所需的利益。社会交换理论(social exchange theory)正是基于此现象所产生的用于解释人类行为动机的心理学理论。现代的社会交换理论是由 Homans 提出的,它的理论基础是斯金纳的行为心理学。并且 Homans 将其定义为行为主义交换理论。Homans(1950)认为,一个亲密无间的群体是不可能存在的,只有通过一定的纽带将成员联系在一起创造出最佳的合作才是最理想的模式。Blau 等(1968)在 Homans 的基础上发展了社会交换理论,形成了结构交换理论。Blau 等(1968)把社会结构分为微观和宏观两种。微观结构起源于个体希冀从社会获得报酬而发生的交换。宏观结构是由若干群体组成的结构,它的分析单位不是个人而是群体。Blau 等(1968)认为"社会引力"是社会交换形成的动力。这种引力是指与他人交往的倾向性。有了这种引力,各个交换者愿意为获得利益去付出并且遵守互惠规范,那么互动的群体就产生了,社会交换的过程也就展开了。

2.5.2　社会认同理论的概念与形成过程

社会认同理论（social identity theroy）最早是由 Tajfel（1978）提出的。这是一个解释群体过程中群体成员的认知和行为的社会心理学理论。社会认同理论假设我们会在我们属于的群体中显示各式各样的群体行为，如分裂和团结，以及作为群体内的一部分对外群体的歧视问题进而实现积极的自尊和自我增强（Hogg and Abrams，2006）。社会认同理论的研究主要受到思考关于社会环境和群体问题的启发。于是 Tajfel（1978）提出了"最小群体模式"，并指出如果仅仅把一类人归类到一个群体或者另一群体，将会使得人们倾向他们的群体并且会歧视其他的群体。因此，与大多数其他社会心理学理论相比，社会认同理论不是从考虑个人的假设开始，而是从一个社会群体的假设开始。一个社会群体包括一些人，他们感觉自己属于这个群体，也会被他人认为是这个群体的。群体成员之间的互动可以发生，但这并不是以该成员属于同一群体为前提的。此外，成员不必分享相互依赖的目标或对群体的类似理解，使他们成为一个社会群体。Tajfel（1982）根据他对社会群体的理解，提出社会认同是由社会分类（social-categorization）、社会比较（social comparison）和积极区分原则（positive distinctiveness）建立的。

1. 社会分类

Tajfel（1982）做了一个实验，实验中有四根短线贴着 A 标签、四根长线贴着 B 标签，这些线是不断变化的，实验要求判断线的长度，结果表明他们夸大了 A 线和 B 线之间的长度差距。这种现象是"加重效应"，也体现在社会感知上。实验中给出了不同肤色的人的照片，并要对肤色与内心的黑的程度加以区分，实验结果是照片被分为了黑种人与白种人两组，并严重地拉大了两组间的差异。

Turner 等（1987）提出的社会分类理论认为，社会需要分层、分割成不同种类才能维持有序发展。首先，需要确立某一类别的分类标准，这样才能引导人们对该分类的认识及自己是否具有成员资格和作为成员能够得到哪些情感价值做出评价。其次，当个体将自己划分为某一类别群体之后，将遵守群体规范来确定自己的行为，并且他们感受到群体内的成员是可以相互替换的，这就将群体内部成员的相似性与外部成员的异己性突出出来。最后，当个体对该群体感到不满意，或者该群体不能为他带来优越感时可能会离开群体，将自己划分为另一能够维持积极自尊及优越感的类别。

2. 社会比较

追求积极的自我是社会人的正常心理状态。社会比较指的是人们为了衡量自己的价值，常常将自己与他人相比并从中找到良好的感觉，因而能够在人群中获得自尊感。个体将自己划分为某一类社会群体，作为其中的一员能够显现出与其他群体的差异与优越感，相比于其他群体，自己所在群体更能够给自己带来光辉。

Tajfel 和 Turner（1979）认为正是群体与群体之间的相互比较，才出现了高声望与低声望群体之分。群体之间的比较是要通过一定的比较原则的，他们总是选择各种比较维度来积极量化自我群体。高地位社会群体会选择代表高地位的特征作为比较维度，这样就能凸显他们的优势，低地位的社会群体会尽量避免那些维度的比较，或者会寻找新的更能够突出自我群体的维度，力图去突破低社会地位的状态。

3. 积极区分

社会中的个体通过社会比较后将向能够给自己带来情感价值与自尊的群体靠拢。人们这种行为的产生归根结底在于自我激励，个人为了满足自尊就必须突出某些比较维度，因而会在这些比较维度上表现出积极态度，只有在这些比较维度上表现得更加出色，才能够维持群体的高地位，从而维持自己的优越感。然而过分地积极区分自我群体与其他群体，难免会使其他群体从竞争关系变成敌我关系，这样容易引起群体间的冲突。白种人总是对黑种人带有歧视，历史上各个党派之间也总是冲突不断，包括各个国家之间的文化冲突也是因为各个群体为了迫切地将自我群体与其他群体区分开来，认为自己的群体比别人的好，因而引发了不平等关系、冲突意识等现象。

2.5.3　社会认同理论的维度

社会认同在本质上属于心理上的认同，可以看作是群体成员感知群体后与自身作比较的一致性程度。通过这个认知过程，群体的目标和个体的目标在一定程度上提高了匹配度。并且在这个过程中，个体通常会与群体发生一定的情感反应。这种反应在一定程度上会表现为情感依赖。另外，同时也能产生对于群体的一些积极或消极的看法。因此，社会认同大致包含认知、情感和评价三个部分。

1. 认知性社会认同

Tajfel（1981）指出个体会对其自身所处的群体的特征、属性有一个整体的感知。例如，该群体能为自身带来什么样的物质、精神或心理上的满足，该群体成员与自身具有什么样的共同点或异同点等。自我分类理论指出对多个群体进行比较也是认知性认同很重要的一部分，通过比较，个体会将自身归入某一类群体，从而与该群体发生情感上的联系。

2. 情感性社会认同

Ellemers 等（1999）指出情感是社会认同存在的重要因素之一。个体对群体的情感依赖为群体内成员的沟通与交流提供了动力。通过沟通，成员间的亲密程度会增加，会建立起良好的信任关系，在心理上得到慰藉，从而提高对群体的忠诚度和责任感。情感性社会认同可以直接推动成员的行为，会使得成员将群体的目标当作自己的目标来实现。

3. 评价性社会认同

Tajfel（1981）将评价性社会认同定义为"个体所在群体或群体成员资格的概念所具有的积极或消极的价值内涵"。个体除了对群体进行认知和产生情感连接，还会对群体中的行为、现象和关系提出自己的看法。如果群体带给成员的是不安全感、压迫感等，那么成员将会对群体做出消极的评价。如果群体带给成员的是尊严、成长和幸福感，那么成员将会对群体做出积极的评价。

社会认同的认知、情感和评价是紧密联系，又相互区别的。其中，认知是成员将自身归入某群体的基础，情感是成员在群体中表现出各种各样行为的动力，情感认同和评价认同是在群体成员互动中产生的。个体在群体中感受到的满意度越高，对群体的情感依赖就越强，就会表现出强烈的群体内偏好行为。

虽然社会认同大致可以分为这三个维度，但是在具体的测量上面，各个学者的分法不尽相同。例如，Cheney（1983b）开发了有 25 个题项的量表，将测量维度划分为：成员关系（membership）、忠诚度（loyalty）、相似度（similarity）；Mael 和 Ashforth 开发出了主要测量群体成员的情感维度的单维量表；van Dick 等（2004）在总结社会认同相关理论后，开发出了具有认知、情感、评价、行为四个维度的量表，其中行为维度主要是关于群体选择了什么样的行为的。

众多学者在研究不同对象时虽然都在社会认同理论的基础上，结合研究对象的特点设计出相关的社会认同问卷，但整体上说内容不够全面，所形成的问卷或量表不具有统一性和代表性。因此在考虑选择测量量表时，要根据测量的实际情况选择适合的量表以符合实际的情况。Mael 和 Ashforth（1992）开发出的量表清晰明了，并且信度和效度均达到了较高水平，并且该量表也被证实是当前测量社会认同的首选，因此众多学者倾向选择该量表，并且该量表也较符合我们的实验情景，所以我们选择 Mael 和 Ashforth（1992）开发的单维量表来测量团队社会认同。

2.5.4　社会认同在团队中的运用

社会认同可以被运用到多种形式的群体，如国家、民族、地区、企业、社区等。如今已有许多学者将社会认同理论应用到组织、团队等领域，并提出了组织认同、团队认同等概念。但其本质是一样的，都是强调成员对组织、对团队的归属感，目的一致性、成员相似性等，也就是成员在心理上与群体"合拍"的过程。

每个身处团队的成员都会受到其在团队中的身份带给他的影响。这种身份可以使成员在团队中有一种归属感，一种家的感觉，并且会给予其在团队活动中一定的指引。这个现象引起了学者们的注意。学者们考察了哪些因素影响社会认同及由社会认同所影响的有关因素。

对于社会认同在团队中的研究大致可以分为两类。

一是将社会认同作为团队输出的直接作用。例如，Cremer 等（2008）的研究发现，对团队拥有强烈认同感的成员，会更主动地投身到与成员的合作当中。Glynn（2008）也指出，高水平的社会认同将会促使成员为实现团队目标而奋斗，并且会主动承担一定程度的风险。总的来说，在一个高水平社会认同的团队中，成员会把自己的目标和集体目标捆绑在一起，与其他成员一道共同奋斗。社会认同在团队中的相关研究总结如图 2.3 所示。

二是社会认同可以作为团队成员之间的黏合剂。如果一个团队的成员来自不同的部门、学校甚至国家，那么成员便会由于信息处理视角的差异而产生诸多的矛盾。在这种情况下，团队成员的知识呈现多样性，但团队由于成员间的冲突不能形成基于异化知识的分工合作系统，所以并不会从知识的多样性中受益，甚至会导致团队的分裂。如果团队具有高程度的社会认同，那么成员会不自觉地站在一个积极的立场上去化解矛盾并努力合作，从而间接提升相互信任的水平。因此，我们认为团队认同是一种良好的化解团队矛盾的润滑油，为团队的顺利运行提供了保障。

在知识型的团队中，知识作为一个团队所依赖的根本，只有知识进行有效的流通，团队才能取得良好的绩效。然而在知识流转的过程中，总是会遇到这样那样的障碍，如互相不采纳、不信任，然而 Kane（2010）指出团队成员的社会认同感会提升成员对团队内部流通的知识的信任度，提升团队内知识转移的效率。在合作研发团队中，合作研发人员具有双重的认同感。在合作之前组织具有认同感，合作后对研发团队有认同感，这两种认同都能够积极影响团队成员的创新从而提高合作研发的输出质量。

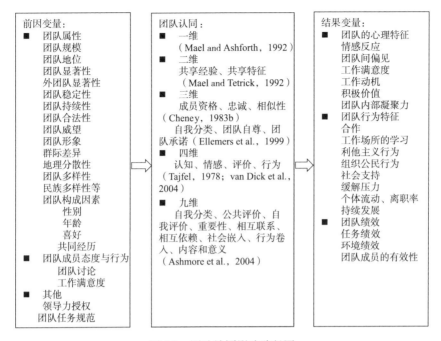

图 2.3　团队认同影响路径图

2.6　社会网络研究综述

2.6.1　社会网络的概念

网络的基本定义是"一组节点及其关系的集合"。网络概念是现代社会中的定义性范式之一。这一定义强调了它的稳定性。通过运用网络方法，研究者可以解释任何个体和单位在其所属的更大的活动空间中的互动。对于社会网络的研究起源于人类学，学者们主要是研究群体中的人际关系网络。20 世纪 70 年代后，有关社会网络的研究逐渐成熟。例如，Cohen 等（1997）的研究表明，一个通过各种关系与他人相连的人比仅有几种关系模式的人患感冒的概率低。一项调查某地区的死亡率的研究也表明，与人有广泛接触的人比那些缺乏社会关系的人拥有更低的死亡率。这些研究都表明了个体自身所根植于的关系网络对个体的活动具有重要的影响。

社会网络是指由一个特定集体的行动者及这些行动者间的关系所组成的一个网络。当这些关系逐渐稳定下来便形成了一定的网络结构。社会网络一般包含行动者（actors）、连带（ties）和关系（relationship）。社会网络具有以下三个特征。

（1）相对于社会网络中的行动者的属性与特征，社会网络更加注重网络整体的结构，并用之解释社会中的各种现象。

（2）社会网络结构的位置特性决定了社会网络规则。

（3）社会是由诸多网络结构构成的，社会网络中的行动者所表现出的行为是由行动者所处的社会网络的结构决定的。

2.6.2　有关社会网络研究的三大理论

1. 弱关系与强关系理论

弱关系理论是由 Granovetter（1973）首先提出的。他首次提出"关系力量"这个概念。并且根据个体之间社会关系的四个特征：互动频率、感情力量、亲密程度及互惠交换，将关系划分为强关系和弱关系。

强关系是指社会网络同质性较强的关系。强关系一般产生于家庭、挚友、同事等具有较多互动的社会关系中。通常强关系代表着行动者彼此之间具有高度的互动，关系较为亲密。所以强关系的双方通常具有相似的态度，获取信息的途径容易重叠，这容易造成信息的冗余，创新的匮乏。

弱关系是指社会网络异质性较强的关系。弱关系一般产生于由于合作而发生联系的行动者之间，通常社会关系互动较少。弱关系对象可能来自各行各业，属于点头之交。但正是由于弱关系的异质性较强，沟通较少，所以弱关系双方的关系网重叠部分较少，获取信息的途径也大不相同。关系双方容易获得来自不同领域的信息。信息的质量与有效性较强，更容易进行创新。当然，强关系与弱关系并不是一成不变的。由于沟通与互动的增强，弱关系可以转变为强关系，反之，亦然。

Granovetter（1973）在一项市民寻找工作并用以反映社会网络特性的研究中发现，强关系的朋友并没有比弱关系朋友发挥作用，真正能帮忙介绍到工作的往往是陌生人。当然这项调查是以美国社会为背景的，而美国是一个弱关系社会。

除弱关系理论外，Granovetter（1985）还提出了"嵌入性"的概念。他认为，信任来自社会网络并嵌入其中，人们的各种经济行为也嵌入该信任结构中。"嵌入性"强调的是信任，而信任的获得和巩固需要行动者双方进行长期的沟通，所以嵌入性隐含着强关系。因此一些学者认为，弱关系理论和嵌入性概念之间存在着冲突。

2. 结构洞理论

结构洞理论（structural holes）是由 Burt（1993）首先提出的。该理论主要用于研究社会网络的结构形态问题。分析怎样的网络结构能够带给网络行动主体更多的利益或回报。结构洞就是指社会网络中的空隙，即社会网络中某个或某些个体和有些个体发生直接联系，但与其他个体不发生直接联系，即无直接关系或关系间断，从网络整体看好像网络结构中出现了洞穴。如果两者之间缺少直接的联系，而必须通过第三者才能形成联系，那么行动的第三者就在关系网络中占据了一个结构洞。图 2.4 为结构洞示意图。显然，结构洞是针对第三者而言的。正如我们前面介绍的社会网络的特征之一，社会网络更加注重网络整体的结构。Burt（1993）认为，个人在网络中的位置比关系的强弱更重要，其在网络中的位置决定了个人的信息、资源与权力。因此，不管关系强弱，如果存在结构洞，那么将没有直接联系的两个行动者联系起来的第三者拥有信息优势和控制优势，这样能够为自己提供更多的服务和回报。因此，个人或组织要想在竞争中保持优势，就必须建立广泛的联系，同时占据更多的结构洞，掌握更多信息。

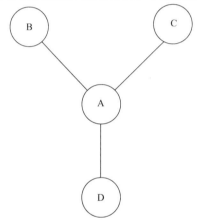

图 2.4　结构洞示意图

3. 社会资本理论

社会资本最早是借鉴经济学上的"资本"而发展起来的新概念，它是相对人力资本和物质资本而言的。所谓人力资本，是一个人被先天赋予的资源，如身体强壮、天生记忆力强等。物质资本，顾名思义，是指土地、房屋等物质资源。至于社会资本的准确定义，目前仍存有争议。但有一点是学者们公认的，那就是社会资本是一种用以促进人类行动的社会结构性资源。一些学者认为，社会资本就是社会关系网络，社会资本等同于社会网络中嵌入的社会资源。这种资源不为个人所直接占有，而是通过个人的直接或间接的社会关系而获取。拥有此种资源可以使个人更好地满足自身生存和发展的需要。决定个体所拥有社会资源数量和质量的因素有下列三个：

一是个体社会网络的异质性；

二是网络成员的社会地位；

三是个体与网络成员的关系强度。

具体说来，就是一个人的社会网络的异质性越大，网络成员的地位越高，个体与成员的关系越弱，则其拥有的社会资源就越丰富。因此，处于这种交流结构中的某些位置本身就是一种财富，而这种财富实际上就是社会资本。从这个意义上说，社会资本的研究始于社会网络分析。在社会网络分析中，社会资本被理解为个体获取有利的人际关系网络的途径。社会资本来源于关系网络结构。Coleman（1990）提供了对社会资本的更广泛的理解，社会资本不仅是个人利益增加的手段，也是解决集体行动问题的重要资源。

帕特南（2015）这样定义社会资本：社会资本指的是社会组织的特征。例如，信任、规范和网络，它们可以通过促进合作行动而提高社会效率。帕特南（2015）认为，社会资本包含的最主要的内容就是社会信任、互惠规范及公民参与网络。他认为，互惠规范（norms of reciprocity）和公民参与网络（networks of civic engagement）能够促进社会信任，它们都是具有高度生产性的社会资本。

他还认为，社会信任、互惠规范及公民参与网络是相互加强的，它们对于自愿合作的形成以及集体行动困境的解决都是必不可少的。其中，社会信任是社会资本最关键的因素；普遍互惠有效地限制了机会主义的行为，将导致那些经历重复互惠的人之间的信任水平增加；稠密的社会交换网络将增加社会信任水平。

纵观不同的社会资本文献，信任和网络被认为是社会资本的两个关键内容。

公民参与网络为什么如此重要呢？帕特南（2015）指出，在一个共同体中，公民参与网络越密，就越有可能为了共同利益进行合作。社会网络产生信任的两种可能的解释：如果行动者经常交流其他行动者的可信任性，那么，行动者会限制不信任方式的行动；更重要的是，如果行动者经常了解到其他行动者的信任行为，那么信任将在行动者之间生长。帕特南（2015）最后得出结论，社会网络促进了社会中信任的产生。也就是说，社区成员之间重复互动将产生促进合作行动的规范、网络和信任。

2.6.3　社会网络的类别

1. 自我中心网络和整体网络

根据社会网络的整体形式的不同，社会网络可以分为自我中心网络和整体网络。自我中心网络主要分析以个体为中心，以个体与他人之间的关系所构成的网络。自我中心网络类似于一个向外发散的星状网络。分析个体在自我中心网络中的行为及个体的自我中心网络对个体行为的影响是研究自我中心网络的主要内容。自我中心网络不能分析其整体的网络结构，而整体网络可以。整体网络是由多个行动者所构成的社会网络。整体网络分析着重于分析整体网络的结构，不再具体分析某一个体。整体网络的具体例子有很多，如整个组织所有人所构成的组织网络，团队中所有人构成的团队网络，等等。本书的对象是团队成员，所以本书关注的是团队社会网络。

　　2. 工具性网络和情感性网络

　　根据社会网络中行动者之间沟通的内容，也就是关系形态的不同，又可以将社会网络分为多种类型。罗家德（2010）将社会网络分为四种：咨询网络、情感网络、信任网络和情报网络。Krackhardt 和 Hanson（1993）将社会网络分为三种：情感网络、咨询网络和情报网络。Sparrowe 等（2001）将社会网络分为两种：咨询网络和阻碍网络。虽然各个学者的分法不同，但大体上可以分为两种：一种是用以沟通与项目、任务等与工作相关信息的工具性社会网络，另一种是用以沟通与工作信息不相关的信息，如生活、友情等的情感性社会网络。

　　3. 外部网络与内部网络

　　研究整体社会网络，首先需要确定整体社会网络的边界。根据边界的不同，可以将社会网络分为内部网络和外部网络。例如，团队社会网络源于以团队成员为节点形成的社会关系网，指的是团队内部成员间，以及内部成员与外部与其相关联的行动者之间由于正式或者非正式的关系而形成的社会关系网络。根据成员构成的网络的边界可以将团队社会网络分成外部网络和内部网络，前者是指各团队间形成的网络，后者指团队自身成员间形成的网络。本书根据组织结构的研究需要及我们组建的团队是知识型团队的特征，选取团队内部的咨询网络进行研究，以下简称团队社会网络或团队网络。

2.6.4　社会网络的测量指标

　　衡量社会网络的结构特征的变量有很多，包括网络规模、网络密度、网络中心度、小团体、开放程度、网络可达性等。在众多变量中，网络密度和网络中心性最能反映团队内部社会网络的结构特征。所以本书采用这两个变量来体现团队社会网络结构在交互记忆系统与团队绩效之间所发挥的作用。以下将简要介绍网络密度和网络中心度。

1. 团队网络密度

团队网络密度是指团队成员之间现有的彼此的关系连带的数量与团队中可能存在的团队成员之间彼此的关系连带的数量的最大值的比例，它的最大值为 1，最小值为 0。通过密度的大小可以看出成员之间的互动渠道（信息流动的渠道）和互动的程度（互动的多少）。

它的计算公式如下：

$$密度 = \frac{\sum Z_{ij}}{N \times (N-1)}$$

其中，N 代表组成团队的人员的数量；Z_{ij} 代表成员 i 和成员 j 之间的关系连带的数量。

2. 团队网络中心度

中心度分为三种：程度中心度、中介中心度和亲近中心度。程度中心度主要是用来衡量谁是团队中最占据中心的人。程度中心度的算法是团队中某人与他人产生连带的数量的和与他可能产生的最大连带的数量的和的比例。中介中心度主要是用来衡量一个人作为所有关系沟通的桥梁的程度。亲近中心度主要是用来衡量团队中某人与他人的疏远程度。与别人的距离近，则亲近中心度高，否则亲近中心度低。其中，程度中心度是最常用的指标，因此我们选择群体程度中心度（group degree centrality）来表达团队整体的集中趋势。群体程度中心度具体的计算公式如下：

$$中心度 = \frac{\sum_{i=1}^{g}[C_D(n^*) - C_D(n_i)]}{\max \sum_{i=1}^{g}[C_D(n^*) - C_D(n_i)]}$$

其中，$C_D(n^*)$ 代表 $C(n)$ 最大的程度中心度，它与其他 $C_D(n_i)$ 相减所得的差值的总和就是分子，分母是分子所可能产生的最大值。

2.6.5 社会网络与交互记忆系统

社会网络是由行动者通过沟通与交流而形成的传递信息、知识和资源的人际关系网络。社会资本理论认为，个体处于社会网络中所做出的行为并不是由个体本身的属性和特征决定，而是由其在社会网络结构中所处的位置决定的。一个成熟的 TMS 是由群体成员通过不断交换成员的专长与知识形成的。通过 TMS 的形成过程，团队成员逐步地了解了群体中谁是哪方面的专家，谁掌握什么样的知识，进而形成对整个团队知识的结构的全面认识，而团队成员关系的结构直接关系到他们对这种知识的获取，这种关系根植于成员的社会关系网络当中，因此，团队的社会网络结构是怎样具体影响 TMS 与团队绩效的也受到了研究者们的注意。在嵌入社会互动的背景下，用社会网络来考察 TMS 是目前值得进一步研究的方向。

2.7 团队绩效

越来越多的组织采用团队这一组织形式来进行生产活动和解决问题。因此如何提高团队的绩效，管理团队的绩效就成为众多学者要思考的问题。如今，知识型团队作为一种有效提高团队绩效的团队类型，越来越受到学者们的关注。知识型团队所依赖的根本是知识的整合与共享，这是提高知识型团队绩效的关键。TMS 作为基于"认知-行为"视角的合作分工系统，有利于团队成员形成对团队知识分布的有效认知，因此 TMS 被逐渐地应用到团队绩效。为了探讨 TMS 对团队绩效的作用机理，首先就要对团队绩效进行判定。Hackman（1987）、Sundstrom等（1990）对团队绩效进行了广义的定义。团队绩效是指团队实现预定目标的实际结果，主要包括三个方面：①团队生产的产量（数量、质量、速度、顾客满意度等）；②团队对其成员的影响（结果）；③提高团队工作能力，以便将来更有效地工作。Nalder（1991）认为团队绩效主要包括三个方面：团队对组织既定目标的达成情况、团队成员的满意感和团队成员继续协作的能力。

TMS 对于团队绩效的正向影响已经有学者进行了证实，但是 TMS 在作用的过程中，受到哪些因素的影响，仍然需要进行进一步的探讨。本书引入社会认同和社会网络结构作为团队成员的心理因素和成员间进行互动的表征来探索 TMS 是怎样作用于团队绩效的。

2.8 已有研究的局限

以往的研究总是从团队个人属性的角度出发，着重于考察团队中微观上面的信息的处理过程，并没有考虑团队所有成员构成整体社会网络对成员在知识共享上所造成的积极或消极影响。所以从社会网络结构等方面考察 TMS 与知识共享的相关研究仍然较少。有关 TMS 的研究、过去着重于任务类型、任务的变动等任务特征因素对 TMS 作用于团队输出的过程所产生的影响，如曲刚和李伯森（2011）对软件外包项目复杂性对 TMS 与知识转移绩效关系的调节作用做了分析。然而这些研究却忽略了成员的心理特征也会对该过程产生正向或负向影响。因为成员在团队中与成员交换专长与知识，与成员保持融洽的关系是有一定动机的。这个动机是由哪些因素引起的，我们仍然缺乏了解。另外，因为 TMS 是一个通过群体成员不断沟通与交流而形成的合作分工系统,所以它不是静止不动而是处在时刻变化当中的。团队也不是处于稳定不变的状态中的。因此,本书从在嵌入社会互动的背景下用社会网络结构的方法和从基于研究群体中个人行为和集体行为的社会心理学理论——社会认同理论,以团队成员的心理情感因素和行为动机视角来检验 TMS 与团队绩效之间的关系中在不同阶段所发挥的作用,探明 TMS 在不同组织结构和组织氛围情境因素下的作用机制。

第3章 社会认知的软件外包团队项目绩效研究

在第 2 章中，本书对社会认知的相关理论及其对项目绩效的影响进行了综合阐述，讨论了之前学者的研究成果，奠定了本书的理论基础。结合外包项目团队具有的知识型和虚拟性双重特点，本书认为基于社会的认知能够对外包团队的知识共享与知识转移行为产生影响，进而对接包方的项目绩效产生作用。因此，在本书中，社会认知理论、社会资本理论和社会认同理论是社会认知的有效解释机制，我们从基于社会的认知角度探讨其对知识转移行为和项目绩效的作用。

本章在此思路上构建理论模型并提出假设。对于社会认知，采用 Bandura（1977）等学者的划分方法，从自我效能和团队结果预期两个方面来测量。对于社会资本理论，采用 Nahapiet 和 Ghoshal（2000）的划分方法，从社会交互关系、信任、共享语言和共享愿景四个方面来测量。对于社会认同理论，采用 Ellemers 等（1999）的划分方法，从认知维度、情感维度和评价维度三个方面来测量。对于项目绩效，从知识转移绩效和项目成功两个方面来测量。关于变量的测量将在第 4 章中详细描述。本章以社会认知、社会资本、社会认同为自变量，以项目绩效为因变量，并就自变量对因变量的作用方向提出假设。

3.1 研究模型与假设概念模型

软件外包团队兼具知识型和虚拟性的双重特点。团队最关键的资本就是成员所掌握的专长知识。因此，外包项目的顺利进行必须充分依赖这些知识，并对其进行有效的管理和协调，使其充分发挥潜能。同时，外包项目团队具有虚拟性，与传统团队存在显著的区别。在虚拟团队中，没有增强互相信任、交互和规范的具体的体系。如果没有成员的积极参与，组织中的知识转移和知识共享就不可能成功进行。以往的研究已经表明和证实，社会认知在解释团队知识共享行为方面有着很重要的优势。社会资本能够促进团队成员自愿执行这种行为的意图及主观能动性。社会认同能够影响知识交换与整合的动力。因此，本书认为基于社会的认知能够使外包团队中的知识资源在个体之间协调，进而促进项目绩效的提升。

以往的国内外相关研究也已经证明，基于社会的认知通过对知识共享与转移的作用，能够对项目绩效产生作用。Hsu 等（2007）的实证研究发现，在虚拟社区中，自我效能对知识共享行为有正向促进作用，并通过结果预期间接作用于这种行为。Nahapiet 和 Ghoshal（2000）的研究发现社会资本能够促进知识转移与知识整合。Dukerich 等（2002）的研究发现，在组织之中，高水平认同能够显著地激发个体和组织员工之间的合作倾向。同时，高水平认同也能够作用于成员行为，从而对工作绩效产生作用。

软件外包团队主要依靠成员认知完成项目任务，在外包情境下系统地研究社会认知因素作为自变量的作用，为从认知角度提高团队知识管理水平及项目绩效提供了理论依据。

本章在上述文献讨论的基础上，结合实地访谈调研，提出外包团队基于社会认知的知识转移模型。本章的概念模型如图 3.1 所示。

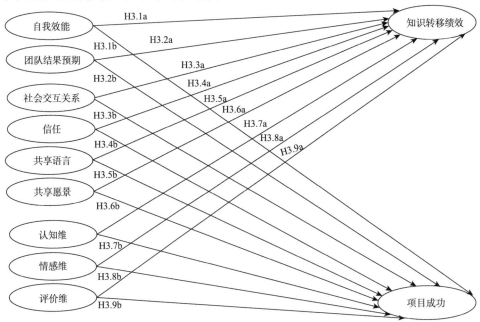

图 3.1　概念模型

3.2　研究变量与研究假设

3.2.1　自变量

1. 社会认知

处理知识共享和知识转移问题的重点是，利用团队成员特性和组织环境之间的交互作用，增强成员的知识共享意愿，并激励他们执行这种行为。在知识共享的研究中，不同于计划行为、理性行为等理论，社会认知理论在解释团队成员行为方面更有说服力，能够从更深的层面探讨如何促进知识共享行为。所以，社会认知理论在处理知识共享与知识转移方面更具优势。本章中，由于是从团队层面进行研究，不考虑个人结果预期，社会认知包括自我效能和团队结果预期两个维度。

1) 自我效能

以往的国内外研究已经证实，自我效能是知识共享的重要影响因素之一。Cabrera 等（2006）的实证研究认为，自我效能对员工的知识共享行为有积极的促进作用。赵越岷等（2010）的实证研究发现，在虚拟社区中，自我效能对消费者的信息共享意愿产生正向的影响，并通过这种意愿间接地影响其实际的信息共享行为。团队成员的自我效能越高，其进行知识共享行为的意愿就会越强烈。

在软件外包团队中，当团队成员对自己的知识和能力充满信心的时候，他们会更乐于向发包方提供自己的技术和知识，并提出经验和见解，参与团队协作的程度会更高，从而促进知识共享和知识转移，提高组织绩效。Constant 等（1994）的研究认为，如果一个人认为自己能够贡献有价值的信息或知识，那么他更倾向完成任务目标。Lin H F（2007）的研究指出，成员对知识和能力的自信对于其知识共享的行为有明显的促进作用。也就是说，认为自身的知识共享行为能给组织带来提升的成员，更容易展示出分享知识和获得知识的行为意愿。相反，当他们对自己的技术和能力不自信的时候，他们在向发包方分享知识、发表见解等方面，会表现出犹豫和消极的状态，从而阻碍知识分享和知识转移，进而降低项目绩效。

因此，本章提出以下假设：

H3.1a：软件外包项目中自我效能对知识转移绩效有正向促进作用。

H3.1b：软件外包项目中自我效能对项目成功有正向促进作用。

2) 团队结果预期

结果预期指的是对于任务完成可能导致的结果的判断。当团队成员认为知识共享能够增强发包方对他的尊重、认同及信任，并增强相互联系时，他们会乐意表现出知识共享的行为意愿。近来，学者在团队知识整合方面的探索越发深入，结果预期对知识共享、知识转移行为的作用机理研究也日益增多。在本书中，团队结果预期指的是软件外包项目团队成员对于他们的知识分享、知识转移行为将会给团队带来结果的预期。

按照社会认知理论，当成员认为某种行为会给团队带来某种理想的结果时，他们采纳该行为的概率会非常大。信息系统方面的几个研究为这个论断提供了支持。Compeau 和 Higgins（1995）发现，结果预期能够显著作用于计算机的使用。Stone 和 Henry（2003）发现，结果预期与计算机最终用户的组织承诺正相关。因此，在软件外包项目团队中，如果团队成员认为知识共享与知识转移能够促进与发包方成员之间的合作、有助于团队积累或丰富知识、帮助团队成长及项目的成功运转，那么他们很可能会向发包方自愿贡献自己的专长知识，自愿帮助发包方成员，从而有利于团队中的知识转移，来帮助提高团队的项目绩效。

因此，本章提出以下假设：

H3.2a：软件外包项目中团队结果预期对知识转移绩效有正向促进作用。

H3.2b：软件外包项目中团队结果预期对项目成功有正向促进作用。

2. 社会资本

1）社会交互关系

结构维的社会资本体现为团队内部的人际关系的网络特征，反映的是联系是否存在及联系的范围、频率等，如团队内部网络联系的规模、强弱等。Tsai 和 Ghoshal（1998）认为，社会互动关系（网络关系）是信息和资源流动的渠道。Nahapiet 和 Ghoshal（2000）认为，社会资本理论的基本命题是网络关系提供资源的获取。网络关系既能够影响知识交换和整合的团体，又能够通过这种交互影响预期价值。此外，网络关系提供了知识交互与整合的机会。在本书中，社会互动关系代表的是软件外包团队中成员之间的关系、相处时间量、交流频率的强度。当组织成员之间相互交流和联系时，知识或信息的共享与转移就极有可能发生。

近来的研究提供了社会交互关系的影响的实证研究支持，社会交互关系对于团队中的资源交换与整合，成员之间的知识共享及知识获取都有影响。Tsai 和 Ghoshal（1998）的研究认为，在大规模公司的事业部之间，紧密的社会交互关系能够帮助事业部之间扫除组织边界的障碍，进而带来更多知识共享和交换机会。Granovetter（1983）的研究认为，社会网络中的关系可以分成两种：强关系和弱关系，其中强关系更加有助于团队成员间知识共享。Yli-Renko 等（2001）的实证研究发现，高新技术企业的员工通过频繁地与外部客户进行社会交互，可以高频度地、广泛地进行信息交流，从而促进员工从客户处获取有用的知识和信息。在软件外包团队中，接-发包方之间的社会互动关系是一个简单有效地获取广泛知识资源的方式。团队成员参与社会互动越多，情感强度、交流频率和信息交换就越高，从而有助于知识的共享与转移，进而改善和提高项目绩效。

因此，本章提出以下假设：

H3.3a：软件外包项目中社会交互关系对知识转移绩效有正向促进作用。

H3.3b：软件外包项目中社会交互关系对项目成功有正向促进作用。

2）信任

在管理学研究中，信任被视为在处理诚信和另一方能力时的一系列特定看法。在软件外包团队中，信任被认为是影响信息系统组织绩效，智力资本交换、组织价值创造和知识共享等的一个重要的前提。Nahapiet 和 Ghoshal（2000）认为当团体之间存在信任时，他们更愿意参与合作互动。Nonaka（1976）指出在团队和组织中，个体之间的信任在促进知识共享方面是重要的。非正式交互的一个重要特点是个体的贡献是难以评估的。所以，在软件外包项目团队中，信任对于知识共享的意愿行为是非常重要的。Blau（1964）的研究发现，信任创造并保持了交换关系，这种关系反过来可能带来高质量的知识共享和知识转移，从而促进团队绩效的提升。

周密等（2009）的研究发现信任决定着员工对感知知识质量的评价，对对方能力的信任、对对方行为的了解及对对方是否有能力准确表达工作所需知识的信任，都能够对知识分享效果的评价产生作用。Tsai 和 Ghoshal（1998）的研究发现，在组织中，成员之间的联系与信任能够明显地影响组织中信息和资源交换的范围。Uzzi 和 Lancaster（2003）的研究发现，网络成员之间建立的信任关系能够帮助重要信息在成员之间进行交换、整合。同理，如果成员之间的信任关系比较弱的话，那么就会对组织内的知识转移造成影响。Dirks 和 Ferrin（2001）的研究认为，信任有利于管理冲突与沟通，提高工作的满意度，以达到改善绩效的目的。同时，信任能够促进知识共享及协作的行为倾向并提高绩效。

在软件外包团队中，当接-发包方成员之间互相信任时，他们更愿意参与合作互动，更少地怀疑和监督发包方成员的行为，更开放、更自由地共享信息和知识，互相利用彼此的知识和技能，增强协调完成任务的能力。

因此，本章提出以下假设：

H3.4a：软件外包项目中信任对知识转移绩效有正向促进作用。

H3.4b：软件外包项目中信任对项目成功有正向促进作用。

3）共享语言

在企业中，部门必须具有相似的知识语言和知识基础，否则就无法交流、理解和交换专业化的知识。在软件外包团队中，共享语言是团队成员交流的前提，当成员需要将大量的显性知识在有限的时间内转移的时候，共同的语言更加有利于知识的快速获取、理解和吸收。共同的语言超出了语言本身，它还包含首字母缩写、术语及日常互动暗含的假设等。共享编码和语言促进了虚拟团队中集体目标的一致理解和恰当的行动方式。Nahapiet 和 Ghoshal（2000）指出，共享语言在以下三个方面影响着知识资本的交换与整合。第一，共同语言促进了成员与其他成员沟通并获取他们所有信息的能力。第二，共同语言提供了一个双方通用的概念工具，来评估知识交换与整合的可能收益。第三，共同语言也代表了共享知识的重叠。因此，共同语言提高了不同部门整合那些通过社会交换获得的知识的能力。

根据以往研究来看，国外学者 Cabrera 等（2006）、国内学者柯江林等（2007）都证实了共享的语言和编码能够促进知识的整合。Nahapiet 和 Ghoshal（2000）的研究认为，共同的语言可以促使成员交流彼此的思想，有利于成员之间的相互理解。当成员之间使用共同的叙述方式时，他们之间能够更加轻松地探讨问题、分享和提供建议。在软件外包团队中，共同语言对于知识学习也是至关重要的。它提供了一个途径，团队成员通过这个途径，不仅可以共享想法，也提高了有着相似背景或实践经验的成员之间沟通的有效性。因此，共同语言有助于激励团队成员积极参与知识交流活动，提高知识共享和知识转移的主观能动性，从而提高项目绩效。

因此，本章提出以下假设：

H3.5a：软件外包项目中共享语言对知识转移绩效有正向促进作用。

H3.5b：软件外包项目中共享语言对项目成功有正向促进作用。

4）共享愿景

Tsai 和 Ghoshal（1998）指出，共享愿景体现了组织成员的集体目标和愿望，被视为可以帮助组织中不同部门的人集成或整合资源的契约机制。在软件外包团队中，共享愿景为成员提供了"顶层概念"，促使他们能够从团队和任务目标的视角去理解完成任务目标所需要具备的知识，而不需要进行频繁的沟通，继而带来知识转移效果和效率的提高。有着共享愿景的成员将更有可能成为共享或转移知识的合作伙伴。Cohen 和 Prusak（2001）认为共同的价值观和目标，把社会网络中的成员和虚拟团队连接起来。Uzzi 和 Lancaster（2003）等学者的研究发现，在组织之中，存在共享愿景将促进部门之间的协作。

软件外包项目团队是一群有着共同利益和目标的人聚集在一起。接包方和发包方成员共同的目标、利益和愿景将帮助他们建立一个共同努力的方向，更深刻地理解知识共享和转移的意义，进而促进团队成员间的合作行为，最终促进项目绩效。

因此，本章提出以下假设：

H3.6a：软件外包项目中共享愿景对知识转移绩效有正向促进作用。

H3.6b：软件外包项目中共享愿景对项目成功有正向促进作用。

3. 社会认同

1）认知维

社会认同描述和理解内群体行为和外群体歧视，成员通过他们的组织获得身份，并且被鼓励认同组织，增强他们的自我价值感。成员对所属组织的认同首先来自认知。认知性认同是个体对所处组织相应属性和信息的感知，通过对组织内成员相似性和组织外成员非相似性的对比，把自己和相似的组织与成员联系起来。也就是个体的自我分类，是个体认同所在的团队，并自觉成为其中的一部分。人们倾向通过认同他们的团体或组织来建立他们的自我概念，这种认知性认同的程度极大地影响他们的认知、态度和行为。Cheney 和 Tompkins（1987）指出，认同对成员的影响效果体现在，对其工作态度、工作表现等方面。换句话说，成员的认知性认同越强，他们越可能将团队的困难视作自己的问题，他们将更可能与他人合作以实现团队的目标。认知维是情感维和评价维形成的基础。

在软件外包团队中，当成员认同、承认自己是团队一员时，才会与团队产生情感上的联系或者考虑团队的价值。因此，对团队的认知性认同越多，成员越可能从团队的角度进行自我定义，并为团队的最大利益采取相应的行为。Mael 和 Ashforth（1992）等学者发现，认同能够促使员工提供更好的工作绩效。Riketta（2005）指出，认同会对成员的工作投入及绩效产生明显的作用。

因此，本章提出以下假设：

H3.7a：软件外包项目中认知维对知识转移绩效有正向促进作用。

H3.7b：软件外包项目中认知维对项目成功有正向促进作用。

2）情感维

情感性认同描述的是对组织的情感依赖，是个体对组织成员关系的积极情感的分配，是成员对于所在组织的同一性感觉或归属感，对于组织的成功是至关重要的。当团队中的情感性认同较高的时候，成员在情感上和团队就产生了难舍难分的联系，成员就会自觉地将自己与团队目标和价值联系起来。情感性认同使团队成员产生了安全感、责任感和依附感。van Dick 等（2006）发现，认同的情感维度能够积极促进对于工作的满意度。Dukerich 等（2002）的研究发现，在组织之中，高水平认同能够显著地激发个体和组织员工之间的合作倾向。同时，高水平的情感认同，能够使团队间的知识传递顺利进行，使发包方的专长知识和信息更便利地转移给接包方，将专长更系统地整合到项目中，从而提高双方的关系质量，保证软件项目的顺利完成，提升发包方对产品和服务的满意度。

在跨地区、跨文化的软件外包团队中，由于存在工作方式的差异和交流方面的困难，容易在团队中产生歧义，导致成员不能共同合作，影响项目的进度或完成。在这种情境下，高水平的情感认同能够以团队任务为最终导向，使团队成员之间形成密切的情感联系，将团队凝聚起来，形成互相帮助、互相信任的良好关系，清除知识协作的障碍，促进项目绩效的提升。

因此，本章提出以下假设：

H3.8a：软件外包项目中情感维对知识转移绩效有正向促进作用。

H3.8b：软件外包项目中情感维对项目成功有正向促进作用。

3）评价维

评价性认同是内外部赋予组织的价值内涵，即组织内的个体对内群体产生的正面和负面的态度。评价性认同产生在认知性认同之后，在软件外包团队中，当成员认知到自己是团队的一部分时，就会感受到和团队及团队成员之间强或弱的情感联系，就会对团队或者团队成员产生积极或消极的评价。在外包团队中，当评价性认同为积极的时候，说明成员认为项目能带给自己价值和利益，或者成员对于团队中的成员关系比较满意。此时成员能够与团队及团队成员更好地融合在一起，将会从团队和其他成员的角度出发，更愿意和接包方成员进行知识交流与共享，和接包方互相帮助，共同促进知识在团队中的有效转移，并愿意为完成共同的项目目标而付出自己最大的努力，从而促进团队项目绩效的提高和改善。

因此，本章提出以下假设：

H3.9a：软件外包项目中评价维对知识转移绩效有正向促进作用。

H3.9b：软件外包项目中评价维对项目成功有正向促进作用。

3.2.2　因变量

本章的因变量是软件外包项目团队的项目绩效，包含两个方面：知识转移绩效和项目成功。知识转移绩效是指接包方通过完成软件外包项目，从发包方学到的技术技能、行业知识和管理知识，以及团队成员能力的提高。项目成功主要是指项目有无按期交付、有无符合质量要求、有无达到发包方预期及发包方对项目效果是否满意等。

3.2.3　研究假设汇总

本章所有假设如表 3.1 所示。

表 3.1　研究假设汇总

假设编号	假设内容
H3.1a	软件外包项目中自我效能对知识转移绩效有正向促进作用
H3.1b	软件外包项目中自我效能对项目成功有正向促进作用

续表

假设编号	假设内容
H3.2a	软件外包项目中团队结果预期对知识转移绩效有正向促进作用
H3.2b	软件外包项目中团队结果预期对项目成功有正向促进作用
H3.3a	软件外包项目中社会交互关系对知识转移绩效有正向促进作用
H3.3b	软件外包项目中社会交互关系对项目成功有正向促进作用
H3.4a	软件外包项目中信任对知识转移绩效有正向促进作用
H3.4b	软件外包项目中信任对项目成功有正向促进作用
H3.5a	软件外包项目中共享语言对知识转移绩效有正向促进作用
H3.5b	软件外包项目中共享语言对项目成功有正向促进作用
H3.6a	软件外包项目中共享愿景对知识转移绩效有正向促进作用
H3.6b	软件外包项目中共享愿景对项目成功有正向促进作用
H3.7a	软件外包项目中认知维对知识转移绩效有正向促进作用
H3.7b	软件外包项目中认知维对项目成功有正向促进作用
H3.8a	软件外包项目中情感维对知识转移绩效有正向促进作用
H3.8b	软件外包项目中情感维对项目成功有正向促进作用
H3.9a	软件外包项目中评价维对知识转移绩效有正向促进作用
H3.9b	软件外包项目中评价维对项目成功有正向促进作用

3.3　量表开发

本书采用实证方法对所提模型与假设进行检验，重点用的是问卷调查法，并使用现场调研法进行辅助。

3.3.1　问卷设计流程

调查问卷的设计务必要按照标准流程。本书在查阅国内外相关文献的基础上，借鉴以往学者对各个变量的定义及测量，并结合软件外包的情境，将信度与效度较好的题项进行翻译、整理和归纳。同时，对大连地区软件外包承接企业进行实地访谈，听取相关意见和建议。最后按照预测验的分析结果进行改动，得到正式问卷。问卷设计流程如图 3.2 所示。

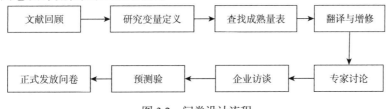

图 3.2　问卷设计流程

第一阶段，利用学校馆藏书籍，EBSCO、CNKI、万方、谷歌学术等，参考大量相关文献。借鉴以往研究中的成熟量表，根据软件外包情境进行相应修改，生成初始问卷。

第二阶段，就初始问卷对大连的软件外包承接企业进行调研访谈，并进行小规模的发放。

第三阶段，通过预测验的结果，对初始问卷的相应题项进行改动，最终得到正式问卷。将正式问卷在北京、大连的 IBM、惠普、甲骨文、思爱普、埃森哲、东软等外包承接企业进行大规模发放与回收。

3.3.2　问卷初步设计

调查问卷大致分为三大部分。第一部分软件外包项目基本信息情况，包括项目发包方所在国家或地区、软件外包项目接包方和发包方的人数、持续时间等。第二部分是调查问卷的主体部分，主要是针对第三章提出的概念模型的变量的测量，包括社会认知、社会资本、社会认同及项目绩效相关的测量题项。第三部分是问卷参与者的基本情况，包括供职公司人数、供职时间、担任职位等信息。

本章使用的是 Likert 5 点量表测量方法。被调查者根据所参与项目的具体情况，判断该题项与现实情况的符合程度。

1. 项目绩效的测量量表

对于项目绩效，本书借鉴国外学者 Wallace 和 Keil（2004）、Koh 等（2004）、Ramachandran 和 Gopal（2010）及国内学者邓春平和毛基业（2008）的量表，按照外包情境进行了相应改动。如表 3.2 所示。

表 3.2　项目绩效的测量题项

变量名称		测量题项	题项来源
知识转移绩效 KT	KT1	通过完成外包项目，我们从发包方学到了很多技术技能	Wallace 和 Keil（2004），Koh 等（2004），Ramachandran 和 Gopal（2010），邓春平和毛基业（2008）
	KT2	通过完成外包项目，我们从发包方学到了很多行业知识	
	KT3	通过完成外包项目，我们从发包方学到了很多流程管理知识	
	KT4	通过完成外包项目，我们从发包方学到了很多项目管理知识	
	KT5	通过完成外包项目，我们从发包方学到了很多合同管理知识	
	KT6	通过完成外包项目，我们加强了项目设计能力	
	KT7	通过完成外包项目，我们提高了信息技术应用能力	
	KT8	通过完成外包项目，我们改善了信息技术人才的使用	
项目成功 PS	PS1	项目实现了按期交付	
	PS2	项目很好地达到了合同规定的质量要求	
	PS3	项目达到了发包方的预期	
	PS4	发包方对我们的项目效果很满意	

2. 社会认知的测量量表

对于社会认知，采用 Bandura（1977）的划分方法，从自我效能和团队结果预期两个方面来测量。本章社会认知的量表参照 Lin 等（2009），Alavi 和 Leidner（2001），Bock 和 Kim（2002）等的量表，同时按照外包情境进行了相应改动。最终社会认知的测量量表一共包括 7 个题项（表 3.3）。

表 3.3　社会认知的测量题项

变量名称		测量题项	题项来源
自我效能 SE	SE1	我们有信心能够提供发包方认为有价值的专业知识	Lin 等 （2009）
	SE2	我们认为我们提供的经验和见解对于发包方成员是有价值的	
	SE3	对发包方成员提出的相关的问题，我们有信心能够积极回复解决	
团队结果 预期 TOE	TOE1	分享知识将有助于发包方和我们组成的团队在项目上的成功运转	Alavi 和 Leidner （2001）， Bock 和 Kim（2002）
	TOE2	分享知识将有助于发包方和我们组成的团队进一步地合作	
	TOE3	分享知识将有助于发包方和我们组成的团队积累或丰富知识	
	TOE4	分享知识将有助于发包方和我们组成的团队成长	

3. 社会资本的测量量表

对于社会资本理论，采用 Nahapiet 和 Ghoshal（2000）等学者的划分方法，从社会交互关系、信任、共享语言和共享愿景四个方面来测量。本章社会资本的量表参照 Tsai 和 Ghoshal（1998），McKnight 等（2002），Nahapiet 和 Ghoshal（2000）的量表。同时按照外包情境进行了相应改动，最终社会资本的测量量表一共包括 13 个题项（表 3.4）。

表 3.4　社会资本的测量题项

变量名称		测量题项	题项来源
社会交互 关系 SIT	SIT1	我们和发包方成员保持着密切的社会关系	Tsai 和 Ghoshal （1998）， McKnight 等 （2002）， Nahapiet 和 Ghoshal （2000）等
	SIT2	我们花了很多时间和发包方成员进行交互	
	SIT3	我们在个人层面上了解发包方成员	
	SIT4	我们和发包方成员有着频繁的沟通	
信任 TR	TR1	发包方成员总是能信守他们所作的承诺	
	TR2	发包方成员不会故意做破坏我们双方合作的事情	
	TR3	发包方成员和我们对待彼此是真诚的	
共享语言 SL	SL1	我们和发包方使用通用的术语或行话	
	SL2	我们和发包方使用双方都可以理解的方式进行沟通	
	SL3	我们和发包方使用双方都可以理解的叙述方式传递项目信息	
共享意愿 SV	SV1	我们和发包方共享相同的意愿——帮助其他成员解决专业问题	
	SV2	我们和发包方共享相同的目标——完成项目任务	
	SV3	我们和发包方共享相同的价值观——帮助其他成员是快乐的	

4. 社会认同的测量量表

对于社会认同理论，采用 Ellemers（1999）等学者的划分方法，从认知维、情感维和评价维三个方面来测量。本章的量表借鉴 Mael 和 Ashforth（1992）、Cheney 和 Tompkins（1987）、Miller 等（2000）的组织认同量表，同时按照外包情境进行相应改动，最终社会认同的测量量表一共包括 11 个题项（表 3.5）。

表 3.5　社会认同的测量题项

变量名称		测量题项	题项来源
认知维 CSI	CSI1	本外包团队的形象能很好地代表我们自己的形象	
	CSI2	我们的价值观和本外包团队的价值观非常接近	
	CSI3	我们非常认同和发包方组成的外包团队	Mael 和
情感维 ASI	ASI1	外人批评我们与发包方组成的合作团队时队员感到不愉快	Ashforth （1992）， Cheney 和 Tompkins （1987）， Miller 等 （2000）
	ASI2	我们与发包方的合作氛围很愉快	
	ASI3	如果有再次机会，我们愿意与发包方再次合作	
	ASI4	我们与发包方的努力可由项目绩效体现出来	
评价维 EVSI	EVSI1	我们与发包方组成的合作团队是一个很不错的团队	
	EVSI2	我们为能与发包方组成合作团队而感到自豪	
	EVSI3	我们与发包方成员都是相互关心的	
	EVSI4	我们非常高兴与发包方合作，而不是与其他发包方团队合作	

3.4　问卷预测验过程

虽然本书所开发的调查问卷中的测量题项都来自以往国内外学者开发的成熟量表，但是因为本书针对软件外包情境，所以对测量题项进行了情境化的修改和补充。为了防止这种原因所带来的测量误差，确保本书的质量和可靠性，在进行正式问卷发放之前，对包含情境化量表的调查问卷进行预测验就显得尤为重要。

2016 年 1 月，在大连的部分软件外包企业进行预测验问卷发放。基于软件外包项目团队的特征，本次调查主要面向团队组长及以上级别人员。因为他们的相关经验更为丰富，对项目有更全面的了解，填写的信息也更加准确，如此可以保证本次研究的质量。共计发放问卷 50 份，回收 40 份，剔除了缺填与重填的无效问卷，最终得到有效问卷 39 份，预测验问卷的有效回收率为 78%。

3.4.1　信度预测验

信度（reliability）即可靠性，指的是采用同一方式对同一变量进行调查时，问卷调查结果的一致性（consistency）和稳定性（stability），即测量工具（问卷或量表）是否能够稳定地测量所测的事物或变量。信度分为外在信度（external reliability）和内在信度（internal reliability）。一般而言，研究中普遍利用内部信度作信度的检验。

本章采用的方法是 Likert 5 点量表法，学术界普遍认同在使用此量表时，采用 Cronbach's α 系数来检验信度（表 3.6）。Cronbach's α 系数是 Cronbach 在 1951 年创建的，用来判断不相同的研究者在使用相同的测量工具时的一致性水平，以此来反映调查问卷数据和研究结论的可靠性。

表 3.6　Cronbach's α 系数的判定标准

	Cronbach's α			
判断条件	<0.6	≥0.6	≥0.7 且 ≤0.8	>0.8
判断结果	不可接受	可接受	较好阶段值	效果非常好的阶段值

本章使用 Smart PLS 3.0 软件检验信度，用 Cronbach's α 系数值进行衡量。由表 3.7 中的数据能够看出，变量的 Cronbach's α 系数值全部大于 0.6，说明本章的变量都达到了可靠的信度水平。

表 3.7　量表信度预测验

变量名称	Cronbach's α
自我效能 SE	0.647
团队结果预期 TOE	0.604
社会交互关系 SIT	0.793
信任 TR	0.752
共享语言 SL	0.608
共享意愿 SV	0.715
认知维 CSI	0.787
情感维 ASI	0.679
评价维 EVSI	0.791
知识转移绩效 KT	0.825
项目成功 PS	0.735

3.4.2　效度预测验

效度指的是调查问卷数据结果的有效性程度，即问卷的测量题项能够测出的研究者所要了解的事物或内容的程度，通俗来说就是指测量结果的真实程度。效度越高，说明测量到的结果越能反映所测事物或内容的真实特征。目前效度检验通常包含两种方法：内容效度（content validity）检验和结构效度（construct validity）检验。

1. 内容效度

内容效度，又被称为表面效度（face validity），指量表中的题项能够反映出所测变量的清晰程度，通常使用测量题项描述来反映。这种程度在表现层次上，主要依靠主观来判断。

本书参考了大量国内外的相关文献，借鉴以往学者的成熟量表，按照外包情境进行相应改动，然后通过实地调研、预测验等方式，对初始问卷多次修正，最终形成完善的正式问卷。通过这些努力，验证了测量题项的合理、有效，确保正式问卷有良好的内容效度。

2. 结构效度

结构效度指的是测量所得的实证研究数据与真实的被测量变量之间的吻合程度，即测量量表能够证明所提假设的程度，包括收敛效度（convergent validity）和区别效度（discriminant validity）。收敛效度表示的是题项反映所测变量内容的程度，反映了不同方式对相同变量进行测量时所得结论的一致性。区别效度指各变量与维度的区别程度。

在收敛效度检验方面，国内外众多学者的研究采用的效度评估准则，有三项评估的指标：一是组合信度（composite reliability，CR）的值要大于 0.7。二是平均方差提取值（average variance extracted，AVE）的值要大于 0.5。三是变量的因子载荷全部要大于 0.5，并达到显著水平（$p<0.05$ 或 $p<0.001$）。在区别效度检验方面，其评估依赖的是各个变量的 AVE 的平方根和变量间的相关系数。如果前者大于后者，就说明区别效度达到了良好的水平。

本章使用 Smart PLS 3.0 软件的 Bootstrap 方法计算各变量的组合信度、平均方差提取值，以及因子载荷，以检验测量模型的效度。

由表 3.8 可以看出，所有变量的 CR 都高于 0.75，除了团队结果预期和知识转移绩效的 AVE 低于 0.5，其余变量的 AVE 均满足要求。从因子载荷看，TOE2、KT1、KT2 的因子载荷小于 0.5，为保障题项的质量，因此予以剔除。在对预测验问卷多次修正之后，最终的效度检验指标如下（表 3.8）。

表 3.8　量表效度预测验

变量名称	测量题项	因子载荷	CR	AVE
	SE1	0.864		
自我效能 SE	SE2	0.780	0.811	0.591
	SE3	0.648		

续表

变量名称	测量题项	因子载荷	CR	AVE
团队结果预期 TOE	TOE1	0.677		
	TOE2	0.443	0.758	0.443
	TOE3	0.682		
	TOE4	0.544		
社会交互关系 SIT	SIT1	0.798		
	SIT2	0.756	0.864	0.613
	SIT3	0.825		
	SIT4	0.751		
信任 TR	TR1	0.906		
	TR2	0.736	0.856	0.666
	TR3	0.799		
共享语言 SL	SL1	0.568		
	SL2	0.842	0.786	0.556
	SL3	0.798		
共享意愿 SV	SV1	0.802		
	SV2	0.798	0.838	0.633
	SV3	0.786		
认知维 CSI	CSI1	0.822		
	CSI2	0.882	0.876	0.702
	CSI3	0.808		
情感维 ASI	ASI1	0.533		
	ASI2	0.757	0.808	0.518
	ASI3	0.778		
	ASI4	0.782		
评价维 EVSI	EVSI1	0.856		
	EVSI2	0.741	0.865	0.617
	EVSI3	0.735		
	EVSI4	0.803		
知识转移绩效 KT	KT1	0.428		
	KT2	0.465		
	KT3	0.765		
	KT4	0.766	0.868	0.454
	KT5	0.776		
	KT6	0.586		
	KT7	0.609		
	KT8	0.654		
项目成功 PS	PS1	0.714		
	PS2	0.740	0.834	0.557
	PS3	0.770		
	PS4	0.760		

从表 3.9 可以看出，在对初始问卷进行改动之后，所有变量的 AVE 都高于 0.5，CR 都高于 0.76，且所有变量的因子载荷都大于 0.5。因此所有题项的指标都符合标准要求，说明所得的最终问卷具有良好的信度和效度，可以进行大规模正式发放。

表 3.9　修改后的效度预测验

变量名称	测量题项	因子载荷	CR	AVE
自我效能 SE	SE1	0.855	0.810	0.589
	SE2	0.770		
	SE3	0.666		
团队结果预期 TOE	TOE1	0.792	0.761	0.519
	TOE3	0.757		
	TOE4	0.596		
社会交互关系 SIT	SIT1	0.798	0.863	0.613
	SIT2	0.752		
	SIT3	0.829		
	SIT4	0.750		
信任 TR	TR1	0.908	0.856	0.667
	TR2	0.743		
	TR3	0.789		
共享语言 SL	SL1	0.568	0.786	0.557
	SL2	0.836		
	SL3	0.804		
共享愿景 SV	SV1	0.804	0.838	0.632
	SV2	0.798		
	SV3	0.784		
认知维 CSI	CSI1	0.821	0.876	0.702
	CSI2	0.879		
	CSI3	0.811		
情感维 ASI	ASI1	0.537	0.808	0.518
	ASI2	0.753		
	ASI3	0.780		
	ASI4	0.780		
评价维 EVSI	EVSI1	0.854	0.865	0.617
	EVSI2	0.745		
	EVSI3	0.735		
	EVSI4	0.801		

续表

变量名称	测量题项	因子载荷	CR	AVE
	KT3	0.778		
	KT4	0.822		
知识转移绩效 KT	KT5	0.831	0.869	0.528
	KT6	0.618		
	KT7	0.624		
	KT8	0.653		
	PS1	0.712		
项目成功 PS	PS2	0.746	0.834	0.557
	PS3	0.771		
	PS4	0.756		

3.4.3　问卷发放与数据收集

通过预测验及多次修改之后，最终得到了完善的正式问卷。将正式的问卷向北京和大连地区的 IBM、惠普、甲骨文、思爱普、埃森哲、东软等外包承接企业中的项目成员进行大规模的发放。为确保问卷质量，仍然重点选择项目团队的团队组长或项目经理及以上级别作为调查对象。本章共计发放问卷 270 份，回收问卷 245 份，剔除缺填与无效的问卷后，共得到有效问卷 188 份，问卷的有效回收率为 77%。

3.5　实证分析

在本章节中，利用 SPSS 20.0 软件对回收的正式问卷数据进行描述性统计分析，利用 SmartPLS 3.0 软件对所提的假设模型进行分析，其中包括信度分析、效度分析及结构方程模型分析和路径分析。

3.5.1　描述性统计

1. 项目特征统计

本章调查问卷的第一项内容就是软件外包项目的基本信息，包括项目发包方所在国家或地区及项目规模（发包方、接包方分别参与的人数和项目持续时间）。根据所回收的问卷数据，可以看出软件外包项目的基本特征。主要的发包方是美国和日本，发包方参与人数的平均值是 8 人，接包方参与人数的平均值是 28 人。

项目平均持续时间是 23.1 个月（表 3.10）。

表 3.10　项目特征

	平均值	标准差	中位数
发包方参与人数	8	13.8	5.0
接包方参与人数	28	50.5	10.0
项目持续时间	23.1	29.7	12.0
客户所在地区	美国（55.9%）　日本（26.2%） 欧洲（13.1%）　中国香港（1.2%）　其他（3.6%）		

2. 接包方成员基本信息统计

本章调查问卷的第三项内容是软件外包团队成员的基本情况。包含所供职公司的员工人数、供职时间及所担任的职位等（表 3.11）。根据所回收的问卷数据进行了统计分析。根据分析结果可知，大部分参与调研者的供职时间超过 5 年，团队组长及以上级别的参与者占总人数的 68%以上。因此，本次调研的问卷质量得到了良好的保证。

表 3.11　被访者基本情况

项目	类别	样本数	百分比
所在公司员工人数	500 人以内	2	2.13%
	501~1000 人	23	24.47%
	1000 人以上	69	73.40%
在本公司供职时间	少于 1 年	1	1.06%
	1~2 年	6	6.38%
	2~3 年	3	3.19%
	3~4 年	6	6.38%
	4~5 年	21	22.34%
	5 年以上	57	60.65%
担任的职位	中高层经理	1	1.06%
	项目经理	15	15.96%
	团队组长	48	51.06%
	业务分析员	2	2.13%
	开发人员	24	25.53%
	测试人员	2	2.13%
	其他	2	2.13%

3. 变量描述性统计

本章问卷的第二项内容是重点部分。主要包括社会认知（自我效能、结果预期），社会资本（社会交互关系、信任、共享语言、共享愿景），社会认同（认知维、情感维、评价维），项目绩效等与研究模型相关的测量题项。对 188 份问卷的变量进行统计，如表 3.12 所示。

表 3.12　变量测量条款评价值的描述性统计

变量	样本数	均值	中值	标准差
TMS	188	4.305	4.400	0.499
自我效能	188	4.401	4.333	0.590
结果预期	188	4.440	4.500	0.399
社会交互关系	188	3.921	4.250	0.709
信任	188	4.245	4.333	0.622
共享语言	188	4.219	4.333	0.512
共享愿景	188	4.287	4.333	0.528
社会认同	188	4.182	4.364	0.515
项目绩效	188	4.249	4.300	0.434

由表 3.12 可知，各变量的平均值都高于 3。说明外包项目团队中社会认知和社会资本确实能够在团队中起作用，并且团队能形成高水平的社会认同。项目绩效的平均值也高于 3，说明在团队中可以进行有效的知识共享与转移，并顺利完成项目目标。同时，初步表明基于社会的认知对项目绩效具有正向促进作用。

3.5.2　信度重检验

关于信度及信度检验的内容，在上一节中已经进行过详细介绍，因此不再赘述。

对于 Cronbach's α 系数标准的判断，低于 0.6 为不可接受范围，高于等于 0.6 为可接受范围，高于等于 0.7 并且低于等于 0.8 为较好阶段值，高于 0.8 为效果非常好的阶段值。数值越高表示可靠性越好。

由表 3.13 可知，本章中变量的 Cronbach's α 系数值均大于 0.65，说明所有变量都达到了可靠的信度水平。信度检验结果如表 3.13 所示。

表 3.13　测量模型信度检验

变量名称	Cronbach's α
自我效能 SE	0.766
团队结果预期 TOE	0.659
社会交互关系 SIT	0.809
信任 TR	0.749

续表

变量名称	Cronbach's α
共享语言 SL	0.686
共享愿景 SV	0.752
认知维 CSI	0.798
情感维 ASI	0.704
评价维 EVSI	0.804
知识转移绩效 KT	0.826
项目成功 PS	0.780

3.5.3　效度重检验

收敛效度检验的评估指标：一是组合信度（CR）的值要大于 0.7。二是平均方差提取值（AVE）要大于 0.5。三是标准化的因子载荷全部要大于 0.5，并达到显著水平（$p<0.05$ 或 $p<0.001$），才表示具有良好的指标信度。

由表 3.14 可以发现，所有变量的 AVE 都高于 0.5，CR 值都高于 0.8，所有的因子载荷都大于 0.5。因此，各个变量的收敛效度都达到了良好的水平。

表 3.14　测量模型收敛效度分析

变量名称	测量题项	因子载荷	CR	AVE
自我效能 SE	SE1	0.897		
	SE2	0.850	0.866	0.685
	SE3	0.726		
团队结果预期 TOE	TOE1	0.772		
	TOE3	0.835	0.811	0.589
	TOE4	0.690		
社会交互关系 SIT	SIT1	0.836		
	SIT2	0.797	0.875	0.636
	SIT3	0.794		
	SIT4	0.761		
信任 TR	TR1	0.903		
	TR2	0.781	0.856	0.666
	TR3	0.758		
共享语言 SL	SL1	0.715		
	SL2	0.847	0.826	0.614
	SL3	0.783		

续表

变量名称	测量题项	因子载荷	CR	AVE
共享愿景 SV	SV1	0.825	0.857	0.667
	SV2	0.848		
	SV3	0.775		
认知维 CSI	CSI1	0.842	0.881	0.712
	CSI2	0.875		
	CSI3	0.813		
情感维 ASI	ASI1	0.520	0.820	0.540
	ASI2	0.766		
	ASI3	0.801		
	ASI4	0.813		
评价维 EVSI	EVSI1	0.851	0.872	0.631
	EVSI2	0.767		
	EVSI3	0.756		
	EVSI4	0.800		
知识转移绩效 KT	KT3	0.781	0.873	0.536
	KT4	0.785		
	KT5	0.788		
	KT6	0.655		
	KT7	0.672		
	KT8	0.698		
项目成功 PS	PS1	0.785	0.858	0.602
	PS2	0.796		
	PS3	0.821		
	PS4	0.749		

　　区别效度的评估，依赖的是各个变量的平均方差提取值的平方根和变量间的相关系数的高低。如果前者大于后者，就表示区别效度达到了良好的水平。由表 3.15 可知，各个变量的平均方差提取值的平方根都大于各个变量间的相关系数，说明变量的区别效度都达到了良好的水平。

表 3.15　测量模型区别效度分析

变量	自我效能	团队结果预期	社会交互关系	信任	共享语言	共享愿景	认知维	情感维	评价维	知识转移绩效	项目成功
自我效能	**0.828**										
团队结果预期	0.472	**0.768**									

续表

变量	自我效能	团队结果预期	社会交互关系	信任	共享语言	共享愿景	认知维	情感维	评价维	知识转移绩效	项目成功
社会交互关系	0.501	0.282	**0.797**								
信任	0.476	0.411	0.655	**0.816**							
共享语言	0.509	0.407	0.543	0.716	**0.783**						
共享愿景	0.388	0.444	0.376	0.641	0.642	**0.816**					
认知维	0.459	0.335	0.484	0.521	0.528	0.460	**0.844**				
情感维	0.443	0.325	0.534	0.625	0.586	0.593	0.667	**0.735**			
评价维	0.443	0.307	0.708	0.731	0.651	0.586	0.628	0.725	**0.794**		
知识转移绩效	0.335	0.347	0.628	0.651	0.586	0.445	0.512	0.525	0.735	**0.732**	
项目成功	0.527	0.479	0.475	0.500	0.535	0.565	0.495	0.662	0.607	0.478	**0.776**

注：对角线上的加粗数据为平均方差提取值的平方根

3.5.4　结构方程模型分析

通过上几节的描述性统计分析、信度分析和效度分析，检验了量表的可靠性和有效性。本节对所回收的问卷数据进行整体模型拟合和假设检验。

本书采用结构方程模型（structural equation modeling）方法对模型与假设进行检验。目前的主流软件有两种。一种基于最大似然估计法（maximum likelihood estimation，MLS），主要软件有 Lisrel、Amos 等。一种基于偏最小二乘法（partial least-squares method，PLS），主要软件有 Smart PLS、Visual PLS 等。基于 MLS 的方法可以测出许多传统的评价指标，如卡方值（χ^2）、拟合优度指数（goodness of fit index，GFI）、残差均方根（root mean square residual，RMR）等。但是基于 PLS 的方法不对残差的分布和样本的大小做严格的限定，而且在理论上，该方法可以同时进行潜变量的测定和关于结构模型的评价，具有更强的预测能力和解释能力。

鉴于此，本章最终选定基于 PLS 的结构方程模型方法。在这种方法里，多元相关平方值（R^2）是重要指标之一，指模型中因变量可以被自变量解释的程度。R^2 值的高低可以反映模型的解释能力，并根据标准化路径系数是否显著来验证假设能否成立。

本章使用 SmartPLS 3.0 软件对理论模型进行路径分析及假设检验。图 3.3 显示了基于 PLS 方法的模型拟合结果。其中，知识转移绩效的 R^2 为 0.611，项目成功的 R^2 为 0.582，表明社会认知、社会资本和社会认同共同解释了 61.1%的知识转移绩效和 58.2%的项目成功。因此，该模型具有较强的解释能力。基于理论模型的标准化路径系数和相应 T 值，如图 3.3 所示。

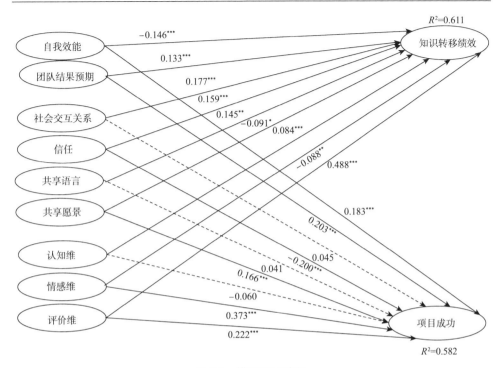

图 3.3　模型因子路径

注：*表示 $p<0.1$，**表示 $p<0.05$，***表示 $p<0.01$

本书根据标准化路径系数的显著性水平 p 来判定理论假设是否成立。①$p<0.1$时，代表弱显著，假设部分支持；②$p<0.05$ 时，代表显著，假设支持；③$p<0.01$时，代表非常显著，假设支持。根据数据分析结果可知，在第三章提出的理论模型中，H3.1b、H3.2a、H3.2b、H3.3a、H3.4a、H3.5a、H3.6b、H3.7a、H3.8b、H3.9a、H3.9b 都得到了支持，H3.1a、H3.4b、H3.8a 得到了反支持，H3.6a 得到了部分反支持，H3.3b、H3.5b、H3.7b 没能得到支持。假设检验结果如表 3.16 所示。

表 3.16　假设检验结果汇总

假设	路径	标准化系数	T 值	检验结果
H3.1a	自我效能→知识转移绩效	−0.146	3.599	反支持
H3.1b	自我效能→项目成功	0.183	4.317	支持
H3.2a	团队结果预期→知识转移绩效	0.133	3.102	支持
H3.2b	团队结果预期→项目成功	0.203	5.719	支持
H3.3a	社会交互关系→知识转移绩效	0.177	3.924	支持
H3.3b	社会交互关系→项目成功	0.045	0.890	不支持

续表

假设	路径	标准化系数	T值	检验结果
H3.4a	信任→知识转移绩效	0.159	2.839	支持
H3.4b	信任→项目成功	−0.200	3.279	反支持
H3.5a	共享语言→知识转移绩效	0.145	2.630	支持
H3.5b	共享语言→项目成功	0.041	0.762	不支持
H3.6a	共享愿景→知识转移绩效	−0.091	1.712	部分反支持
H3.6b	共享愿景→项目成功	0.166	2.915	支持
H3.7a	认知维→知识转移绩效	0.084	2.754	支持
H3.7b	认知维→项目成功	−0.060	1.214	不支持
H3.8a	情感维→知识转移绩效	−0.088	2.245	反支持
H3.8b	情感维→项目成功	0.373	6.847	支持
H3.9a	评价维→知识转移绩效	0.488	9.550	支持
H3.9b	评价维→项目成功	0.222	3.663	支持
	知识转移绩效方差解释比例 R^2		61.1%	
	项目成功方差解释比例 R^2		58.2%	

3.6　实证结果讨论

1. 社会认知的实证结果探讨

假设 H3.1b 得到了支持，即自我效能对项目成功有正向促进作用。当团队成员的自我效能比较高的时候，他们会更加自信，在工作中就会更加充满激情和能量，会表现出更加积极的态度来与发包方进行时间进度、成本管理、质量控制等方面的沟通和协作，进而有利于项目的成功完成。假设 H3.1a 得到了反支持，即自我效能对知识转移绩效有反向促进作用，与提出的假设是相反的。一个可能的解释是，当团队中的成员自我效能较低的时候，他们可能会认为任务目标比较复杂和繁重，自己当前所掌握的技能与知识不足以支撑任务所需，这时成员会变得更加谦虚，会更努力地学习，同时他们还会更加频繁地与发包方进行交流、探讨和学习。在这个过程中，成员通过"充电"提高了团队中专长知识的总和，丰富和拓展了整个团队的知识领域，并通过相互学习，与发包方成员增进感情，更加有利于知识的共享与转移，进而有利于知识转移绩效的改善与提高。因此，自我效能越低的时候，反而知识转移绩效越高，反之亦然。

H3.2a、H3.2b 都得到了支持，即团队结果预期对知识转移绩效和项目成功都具有正向的促进作用。也就是说一个好的预期可以增强团队成员的合作意愿，从而有助于企业知识的转移和绩效的提升，并最终促进项目的完成。

2. 社会资本的实证结果探讨

H3.3a、H3.4a、H3.5a、H3.6b 得到了支持，H3.4b 得到了反支持，H3.6a 得到了部分反支持，H3.3b、H3.5b 没有得到支持。

首先，H3.3a 得到了支持，即社会交互关系对知识转移绩效有正向的促进作用。在软件外包团队中，接-发包方之间的联系程度对知识转移的效果和效率有重要的影响。双方的互动能够消除团队边界，使双方有更多机会来分享知识和交换资源。团队成员通过频繁的社会互动和沟通，促进了成员之间感情关系的升温，从而促进团队成员投入这种社会联系中，因此带来更多知识共享与转移的机会，进而提高知识转移绩效。但是，H3.3b 却没有得到相应支持。究其原因，一种解释可能是，软件外包项目团队是一个任务型团队，发包方对于接包方的工作有着严格的时间、成本、质量要求，较好的社会交互关系虽然能够营造良好的团队氛围和软环境，但是对于任务的硬性要求并不能产生显著的影响，因此社会交互关系对项目成功的作用就不那么显著了。

其次，H3.4a 得到了支持，即信任对知识转移绩效有正向的促进作用。在软件外包项目团队中，当团队成员之间互相信任时，他们更愿意参与合作互动，互相利用彼此的知识和技能，更少地怀疑和监督其他成员的行为，更开放、更自由地共享信息和知识。信任创造并保持了交换关系，这种关系反过来可能带来高质量的知识共享和知识转移，从而促进知识转移绩效的提升。H3.4b 却得到了反支持，即信任对项目成功具有反向促进作用。在竞争激烈的外包市场上，我国作为接包方，为了在众多接包国和接包企业中脱颖而出，获得长期的合作关系，必须要听从发包方的要求来进行工作，与发包方相比属于较弱的一方。在这种地位和信息不对等的情况下，对发包方的信任越低，团队就越趋向理性，会更加按照双方合同所规定的时间、成本和质量要求严格进行工作，更加遵守条款的约束，规范行为、把控进度、保质保量，进而促进项目的成功，反之亦然。

再次，H3.5a 得到了支持，即共享语言对知识转移绩效具有促进作用。软件外包团队具有跨地域、跨文化的特点，共同语言可以促使成员交换彼此的想法，促进成员之间的相互理解。当成员之间使用共同的叙述方式时，他们能够更加轻松地探讨问题、分享和提供建议。当团队成员享有共同的术语、专业词汇时，成员在交流过程中就更容易相互理解，从而减少误会，有助于激励团队成员更加积极地参与知识交流，提高知识共享和知识转移的主观能动性，进而提高知识转移绩效。H3.5b 没有得到支持，即共享语言对项目成功不具有显著影响。一个可能的解释是，随着英语的普及性教育，我国与发包方可以使用国际通用的英语进行沟通与交流，不存在语种的障碍。同时，软件外包团队是一个非常专业化的团队，在项目内容、项目进度、合同条款等的表达与理解上，接-发包双方也不存在任何的问题。因此，共享语言对项目成功的影响就变得不那么显著了。

最后，H3.6b 得到了支持，即共享愿景对项目成功有正向的促进作用。软件外包项目团队是一群有着共同利益和目标的人聚集在一起的。团队成员共同的目标、意愿和价值观将促进团队成员间互相帮助，团结一致，全心全意为实现项目目标而努力，并严格按照时间、成本、质量的要求进行工作，克服困难和障碍，最终促进项目成功。H3.6a 得到了部分反支持，即共享愿景对知识转移绩效具有反向促进作用。一个可能的解释是，发包方提出的项目目标和利益，大多是从他们的角度出发进行考虑的，很少涉及接包方。同时，发包方出于保护自身核心技术、专利等目的，不可能将他们所有的知识和信息向接包方倾囊相授。在这种情形下，较高的共享愿景反倒会对团队成员知识转移的态度和行为造成消极的影响，导致知识转移绩效降低。

3. 社会认同的实证结果探讨

首先，H3.7a 得到了支持，即认知维对知识转移绩效有正向的促进作用。当团队成员感知到自己是团队的一部分时，会自然而然地感知到与其他成员的相似性，从而产生相似、友好的内群体行为，愿意与接包方一起齐心协力，将自己拥有的知识和信息与发包方进行共享，互帮互助，从而促进了知识在团队中的转移。但 H3.7b 却没有得到支持，即认知维对项目成功不具有显著影响。一个可能的解释是，对于软件外包团队来说，处于认知性认同阶段的成员可能还没有与接包方产生情感上的连接，尚不能把团队的任务目标内化成自己的目标，因此成员对于自己身份的感知和项目目标并没有产生作用，因此，成员的认知性认同对项目成功的影响就变得不那么显著了。

其次，H3.8b 得到了支持，即情感维对项目成功有正向的促进作用。这很好理解，当成员对团队产生安全感、责任感和依附感的时候，成员就会在情感上和接包方发生难舍难分的联系，会自觉地将自己与团队的目标和价值联系起来，与接包方保持更好的合作关系并为项目目标的实现作出努力，从而提高双方的关系质量，保证软件项目的顺利完成，提升发包方对产品和服务的满意度。但 H3.8a 却得到了反支持，即情感维对知识转移绩效有反向的促进作用。一个可能的解释是，接包方成员对于团队的情感连接是单方面的，发包方作为先进技术和能力的拥有者，为了保持他们的技术和能力优势，他们不可能让接包方获取他们的技术、信息和知识。这种情况下，较高的情感认同反而可能使发包方更加警惕，对接包方团队本来的善意产生怀疑，对传递的知识和信息或者完全保留或者进行加密，反而降低了知识转移的绩效。

最后，H3.9a、H3.9b 都得到了支持，即评价维对知识转移绩效和项目成功都有正向的促进作用。在软件外包团队中，当评价性是积极的时候，成员认为项目是有价值有意义的，成员间的关系是友好和睦的，这时，团队成员会心甘情愿向着项目目标贡献自己的力量，同时，在团队互帮互助的良好氛围中，成员和接包方能够进行良好的沟通和协作，互相分享自己的专长知识，无私地帮助对方，促进知识在团队中的共享与转移，促进项目按照计划的时间、成本、质量完成，进而促进项目绩效的提升。

3.7 研究总结与研究贡献

本书在文献综述的基础上，采用实证方法，对所提的理论模型与假设进行了检验，并得出了相应结论。

3.7.1 研究总结

本书旨在从社会认知的角度来探究软件外包团队知识整合的作用过程。通过对北京和大连软件园的 IBM、惠普、甲骨文、思爱普、埃森哲、东软等软件外包企业 188 个团队成员进行问卷调研，使用 SPSS 20.0 与 SmartPLS 3.0 进行描述性统计、信度分析、效度分析，验证表明数据可靠性较高，并进行结构模型路径分析。通过实证研究，假设检验结果如下：①社会认知的作用结果：团队结果预期对知识转移绩效有正向促进作用，自我效能对其具有反向促进作用；自我效能和团队结果预期都对项目成功有正向促进作用。②社会资本的作用结果：社会交互关系、信任、共享语言都对知识转移绩效有正向促进作用，共享愿景对其具有部分反向促进作用；共享愿景对项目成功有积极促进作用，信任对其具有反向促进作用，社会交互关系、共享语言对其不产生作用。③社会认同的作用结果：认知维和评价维都对知识转移绩效有正向促进作用，情感维对其具有反向促进作用；情感维和评价维都对项目成功有正向促进作用，认知维对其不产生作用。

1. 社会认知对项目绩效的影响

团队结果预期对知识转移绩效产生正向促进作用，自我效能和团队结果预期都对项目成功产生正向促进作用。在软件外包团队中，当团队成员认为团队有好的预期结果时，能够促进与发包方成员之间的合作、有助于团队积累或丰富知识、帮助团队成长及项目运转，从而有利于团队中的知识转移，以及项目绩效的改善。当团队成员的自我效能比较高的时候，他们会更加自信，在工作中会更加充满激情和能量，会表现出更加正向的态度来与发包方进行时间进度、成本管理、质量控制等方面的沟通和协作，有利于项目的成功完成。

2. 社会资本对项目绩效的影响

社会交互关系、信任和共享语言都能够对知识转移绩效产生正向促进作用，共享愿景能够对项目成功产生正向促进作用。在软件外包团队中，团队成员与发包方频繁的社会互动和交流增强成员之间的社会联系，增加团队的知识共享和转移机会，提高知识转移绩效。相互信任的团队环境增强团队成员的合作意愿，增加成员的知识共享行为。信任创造并保持了交换关系，这种关系反过来可能带来高质量的知识共享和知识转移，从而促进知识转移绩效的提升。当团队成员享有共同的语言时，成员在交流过程中就更容易相互理解，从而减少误会，有助于激励团队成员更加积极地参与知识交流，提高知识共享和知识转移的主观能动性，提高知识转移绩效。

3. 社会认同对项目绩效的影响

认知维和评价维都能够对知识转移绩效产生正向促进作用，情感维和评价维都能够对项目成功产生正向促进作用。在软件外包团队中，高水平的社会认同能够使团队成员强烈地感知到自己是团队的一员，以团队任务为最终导向，使团队成员与发包方之间形成密切的情感联系，将团队凝聚起来，形成互相帮助、互相信任的良好关系，清除协作的障碍。同时，能够促使知识协作过程更加顺利，改善知识整合过程，使知识共享与转移更加顺畅，使团队更有效、更快捷地解决问题，进而提高项目绩效。

3.7.2　研究贡献

1. 理论贡献

（1）研究视角的扩展。软件外包项目团队是由跨地域、跨组织、跨部门的人员组成的分布式知识型团队。本书在模型构建和研究主体方面，考虑到外包团队具有知识型和虚拟性的特征，创新性地引入基于社会的认知理论，将其对外包团队知识转移和项目成功的影响进行了研究，促进了认知理论在外包团队知识管理中的应用，对认知理论的情境嵌入也有一定的价值。

（2）研究理论的扩展。由于社会认知理论、社会资本理论和社会认同理论在解释知识共享与知识整合方面具有各自不同的优势，且已经被国内外学者所认同和证实，本书将社会认知理论、社会资本理论、社会认同理论整合起来，共同作为基于社会认知的理论，扩展了社会认知视角。并且，不同于之前对理论的整体影响的研究，本书将各个理论中的具体影响因素细致展开、分别进行研究，通过更系统、更全面地分析与验证，进一步探明社会认知视角不同因素的具体作用机理。

2. 实践贡献

本书关注我国软件外包企业在承接软件外包项目过程中，如何能够提升软件外包团队项目绩效，实现软件外包团队项目的顺利交付完成，并在项目运行过程中，促进我国软件外包团队的技能和知识积累，对我国软件外包企业项目管理具有重要的现实意义。

软件外包团队是分布式虚拟团队，应该注重团队成员的社会影响与情感联系。由结论可知，在外包团队中，好的团队结果预期、紧密的社会交互关系、成员之间真诚的信任、共同的语言和表达方式、对团队的良好认知及积极的评价都能够促进团队的知识共享与转移，促进知识转移绩效的提升。因此，外包团队应该重视团队成员之间的社会关系和情感因素。接包方团队应该不断增强自身的知识和技能，并将项目目标当作双方共同努力的方向，经常、主动地同发包方交流与沟通，建立亲密关系的社会网络，鼓励或要求使用共同的语言或都能理解的叙述方式，加强双方的联系与合作，互相信任、互相帮助，进行多层次的社会互动，为成员的认知创造良好的条件，从而有利于知识在团队中的转移，并通过项目过程学习先进的技术、经验以积累知识，提高企业的竞争力和创新力。

第4章　交互记忆系统与团队绩效的关系研究

在第 2 章中，我们对 TMS、社会认同理论、社会网络理论及团队绩效相关研究进行了整体的回顾。在文献回顾的基础上，我们发现知识型团队提高团队输出的关键就是形成了成熟的 TMS。TMS 作为一个基于"认知—行为"的合作分工系统，必然对团队的知识整合和共享起到良好的推动作用。在团队完成任务期间，社会认同作为团队成员的心理特征，具有驱动力和黏合力，能够促使成员进行相互合作，从而对成员的行为有重要的影响。TMS 通过社会关系网络作用于整个团队，因此社会网络结构必然在 TMS 作用于团队绩效的过程中扮演着重要的角色。因此，我们依此思路提出我们的研究模型及假设。

4.1　概念模型

TMS 是一种能够整合团队知识的有效模式。通过长期的沟通与合作，成员逐渐对团队中谁是专家，谁有什么样的专长有了清晰的了解。因此，在长时间存在的团队中，成员并不储存任务或项目所需的全部知识和资源，而是更倾向从其他人那里检索自己所需的特长和知识并进行协调与处理。所以成员在完成任务的过程中，当遇到自己无法解决的问题时，TMS 就会促使成员向掌握解决这个困难的相关知识的成员求助，这样可以避免每个成员都亲自去寻找所需的知识，从而提高了工作效率，缩短了工作时间，减轻了每个成员的认知负担，提高了团队绩效。成员在团队中为什么愿意向他人求助，又为什么愿意帮助其他成员，这必然是团队目标一致化的结果。导致团队目标一致化的诱因有很多，而社会认同作为一种能够有效提高成员对团队的认知一致化的心理特征，必然在团队合作中起到不可替代的作用。然而以往的研究注重团队的任务情境，忽视了团队成员的心理因素的影响，所以有关社会认同在知识型团队的作用机制的研究较少。另外以往的研究总是从团队个人属性的角度来进行，着重于考察团队中微观上的信息的处理过程，并没有考虑团队所有成员构成的整体社会网络对成员在知识共享上所造成的积极或消极的影响。所以从社会网络结构等方面考察 TMS 与知识共享的相关研究仍然较少。另外，对于一个团队而言，它不是静止不动的，TMS 也不是从团队一开始建立就形成的，也要经过一定的时间才能从初建到成熟。因此，考察团队中的 TMS 与团队绩效的关系必然也要考虑到时间因素。因此，综合以上分析，我们提出了概念模型。

本章的概念模型如图 4.1 所示。

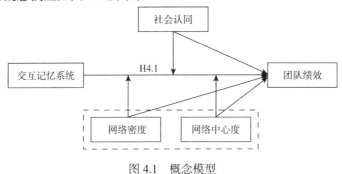

图 4.1　概念模型

4.2　研究变量与研究假设

4.2.1　自变量

1. 交互记忆系统

已有研究指出，TMS 可以使团队成员快速获得自己所需的知识与资源，促使大量与项目有关的知识准确地运用到工作中，从而满足客户的需求。Dayan 和 Basarir（2010）通过对土耳其等国家的新产品研发团队进行实证研究，结果表明 TMS 对多人团队的工作质量有正面的作用并且与绩效的提升有显著相关性。当这些知识发生老化的时候，TMS 更能体现出自身价值，促使组织适应新变化及团队成员适应新任务的能力，从而提高团队的创造力。Heavey 和 Simsek（2015）将 TMS 引入企业高管团队的情境中，在高层管理者的多功能和边界跨越的角色基础上，也证明了 TMS 有助于绩效的提升。Argote 和 Ren（2012）指出 TMS 是组织动态能力的微观基础，可以使组织获得竞争优势。黄海艳和武蓓（2016）的研究结果也表明 TMS 能够积极影响组织的动态能力。在团队生命周期的前中期，由于团队成员整体处于相互磨合的阶段，故团队成员只有通过交换成员的专长与知识，了解彼此擅长的领域，才能在团队中进行合理分工，加快完成任务的速度，提高完成任务的质量。Reagans 等（2016）也指出，如果团队成员相互协调的程度降低，将会伤害团队的绩效。在团队生命周期的后期，团队成员已经度过了磨合的阶段，已经形成了高水平的 TMS，所以团队成员会高度信赖彼此的能力及知识，并且会十分配合彼此的工作。并且不再亲自去寻找所需的资源，不仅节约了时间，更提高了工作效率。

因此，本章提出以下假设：

H4.1：TMS 积极影响团队绩效。

2. 社会认同

社会认同是一个将群体的信息与自身信息进行相关联的过程。也就是说，社会认同会使群体成员在一定程度上将自身视为该群体的一个代表，这将使成员将群体的特征作为对自身的描述，这会促使成员用群体的规范来指导自己的行为。群体的规范会导致整体成员的行为一致性，降低成员间的冲突与矛盾。因此，团队中的社会认同被许多学者定义为"团队成员对团队身份的归属感或感知到的和团队身份的同一性"。Bergami 和 Bagozzi（2000）、Ellemers 等（1999）将社会认同划为三个维度：认知、评价、情感。简单来说，认知维指的是对自身所属群体的属性的感知，评价维指的是对自身所属群体产生的态度，而情感维指的是对自身所属群体的同一性感觉或归属感。这三个维度之间虽然有一定的差异，却又是紧密关联的，而情感维对个体行为动机具有高解释度。

群体中每个人所追求的目标与群体追求的目标是存在一定差异的，因此，当个体对自身需求的感知和对群体需求的感知相似度低时，个体会首先考虑个人层面的目标，而当这种相似度高时，他们会在群体层面定义自己追求的目标，从而在一定程度上促进群体目标的实现。因此当团队具有高水平社会认同时，团队成员对自身目标的感知和对团队目标的感知会具有高度相似性，会将个人目标与团队目标结合在一起，努力地朝着目标奋斗。当这种感知相似度低，特别是当成员是来自于不同部门、专业或国家时，每个人到这个团队中所追求的个人目标也是不尽相同的。由于个人背景的差异，团队成员之间会存在信息处理视角差异，容易形成内群体歧视，从而导致合作失败。但是高社会认同会消除这些障碍，提高凝聚力，让成员以积极的心态去与其他成员合作，因此在团队完成任务的整个生命周期内，社会认同会一直促使团队成员为了达成团队目标而努力地沟通和合作，化解矛盾和冲突，从而提升团队的合作效率，改善团队输出，提高团队绩效。

因此，本章提出以下假设：

H4.2：社会认同积极影响团队绩效。

3. 社会网络结构

根据社会资本理论，个体的社会资源是嵌入其所在的社会网络中的，而社会网络的结构会影响甚至决定个体的行为，因此社会网络的结构必然对团队绩效产生一定的影响。

1）网络密度

团队网络密度表征着这个网络中关系的数量及复杂程度，通过密度的大小能够看出成员互动的水平（互动的多少）。一个团队社会网络的密度高，代表着团队成员间的沟通较为密切。如果网络密度低，则代表成员的交流存在一定程度的问题。社会网络是团队成员用来交流信息、知识和资源的通道。因此一个知识型的团队要想取得高绩效，成员间就必须进行密切的沟通。每个成员都拥有与他人不同的信息和知识。因此团队社会网络的高密度能帮助团队充分利用个人专业知识来完成任务。没有这样的沟通关系，团队就不会获得重要的资源，特别是隐性的知识和内幕信息来有效完成任务。Wang 等（2014）在对军队的实地调查中也表明，高密度、高频次的交流有助于提升团队绩效。

因此，本章提出以下假设：

H4.3a：网络密度积极影响团队绩效。

2）网络中心度

团队网络中心度指的是构成社会网络的成员之间联结的集中程度，表征的是整个网络的向心趋势。团队成员在完成任务期间需要不停地进行沟通，交换信息与知识。但这种交流不是无序的，不是杂乱无章的，需要一定的核心人物在团队中进行引导与疏通。一个一盘散沙的团队必然不能取得较好的绩效。因此，在团队中需要一个中心人物来带领成员完成任务。一个好的引导者可以吸引成员的注意力，提升团队的凝聚力，将团队成员紧密结合在一起。Kidwell Jr 等（1997）的研究结果指出，在一个高凝聚力的团队中，成员的依赖感更强，更愿意表现出组织行为，最终促使团队绩效的提高。另外，Carron（1982）认为将成员紧密结合在一起的过程是动态的。因此，一个团队从初建到成熟的过程，是一个团队核心人物不断发挥作用将大家凝聚在一起的过程，一个由分散到向心的过程，沟通从四方向中心汇聚的过程，从而提升知识的传递效率，提升团队的绩效。

因此，本章提出以下假设：

H4.3b：网络中心度积极影响团队绩效。

4.2.2　调节变量

1. 社会认同

Haslam（2004）指出 TMS 应该与团队认同协同发展。TMS 着重于知识的合作和信任，团队成员在社会认同的自尊因素的驱动下展现的行为是知识的流通与共享。还有证据表明，在他们拥有共同的社会认同时，团队更容易接受新来者的先验知识，更有可能采纳有关工作方法的建议。因此，社会认同很有可能对 TMS 的专长、信任和协作等纬度产生一定的作用。然而，Liao 等（2012）指出没有明确的理论发展指出社会认同过程在 TMS 的发展过程中是什么样子的。Ren 和 Argote（2011）也指出，尽管团队认同会激励团队成员在专长知识方面进行投资，但社会认同在 TMS 过程中所扮演的具体角色仍然缺少相关的实证研究。Wittenbaum 等（2004）的研究结果也表明我们需要掌握成员为什么愿意主动分享知识的原因，而社会认同可以解释这个原因。这是因为拥有"我们"这一共同的感觉及团队认同所带来的心理和情感联系可以激励团队成员更主动地参与到分享知识的活动当中。Lee 等（2011）认为，在一个具有高水平社会认同的团队中，团队成员会将团队目标转化为个人的重要追求，会将团队的荣辱与个人荣辱联系在一起。Cremer 等（2008）也指出，当个体做出决策时会考虑他所身处的环境，如果个体对群体具有较高的认同，那么他的行为将在一定程度上有益于群体的利益。另外，如果一个团队的成员来自不同的部门、学校甚至国家，那么成员便会由于信息处理视角的差异而产生诸多的矛盾。在这种情况下，团队成员的知识呈现多样性，但团队由于成员间的冲突不能形成基于异化知识的分工合作系统，所以并不会从知识的多样性中受益，甚至会导致团队的分裂。如果团队具有高程度的社会认同，那么成员会不自觉地站在一个积极的立场上去化解矛盾并努力去合作，从而间接提升相互信任的水平。因此，在团队的前中期，虽然成员仍处在相互了解的过程中，但如果成员们是被一种"使命"连接在一起的，他们会为了完成这个"使命"，积极主动地相互配合，努力地去沟通并消除交流中所遇到的障碍，加速专长的互换。到了团队的后期，对于团队的这种使命感已经使得成员之间形成了亲密无间的情感关系，这有利于提升成员间相互配合的默契度，从而实现知识的顺利共享。

综上所述，高水平的社会认同有助于提升成员对团队的情感依赖，提升成员分享知识的主动性，加速具有高多样性的团队知识资源的流通速度，消除沟通障碍，减少矛盾冲突，提升成员信任水平，提高成员协作的流畅度，从而在 TMS 和团队绩效之间起积极的作用。

因此，本章提出以下假设：

H4.4：社会认同在 TMS 对团队绩效的影响中有正向的调节作用。

2. 社会网络结构

1）网络密度

如今，团队面临的任务形式越来越复杂，单靠单个成员是无法完成任务的，并且会因为任务过于复杂，成员对困难的解决方式的看法会变得不一致，因此成员们必须要进行必要的沟通。Coleman（1988）指出，团队的高网络密度意味着成员间沟通的高强度。在团队成员经过充分沟通后，会就团队在完成任务期间所遇到的问题达成一致，减少沟通交流上的阻碍，加速信息资源的流通，推动知识共享。Droege 和 Hoobler（2003）的研究结果也指出高网络密度可以加速促进隐性知识的流通与应用。Krackhardt 和 Hanson（1993）的研究也表明，在高密度的社会网络中，成员们会在认知与心理上具有高度的相似性，这就为团队完成任务打下了坚实的基础。因此，不管在团队生命周期的哪个阶段，只有高网络密度的团队，知识才能进行更加充分的交换，才能有利于成员相互学习对方的专长，形成更准确的理解，促进团队成员的协作，使得 TMS 发挥出更大的作用。

因此，本章提出以下假设：

H4.5a：网络密度正向调节 TMS 与团队绩效之间的关系。

2）网络中心度

中心度高的团队代表着团队中有一个或几个中心人物。如果一个团队是由来自不同部门或专业的人组建起来的，彼此之间很可能并不是非常熟悉，如果缺少充分的沟通等，将会拉大成员之间物理上及心理上的距离，从而造成团队的凝聚力、归属感和认同感较差，成员之间很难产生信任。在这样的情况下，只有建立快速信任，才能使团队迅速地成熟起来，发展得更加稳健。快速信任是建设一个优秀团队的黏合剂和向心力，它能将团队成员连接和加固在一起，而团队领袖不明确是团队建设初期的主要问题。因此团队在建设初期，需要尽快明确一个中心人物在团队中进行沟通与协作，消除隔阂，迅速地提高成员彼此的信任水平。当一个人信任他人时，他才会让其他人更易于了解自身擅长的知识及缺陷。所以等到了团队后期，处于被中心人物提高了信任水平的团队中，成员可以顺畅地进行专长交换，明确自己在完成任务中所扮演的角色，扎实地做好自己的工作，出色地完成团队交给自己的任务，从而提升团队整体的输出质量。

因此，本章提出以下假设：

H4.5b：网络中心度正向调节 TMS 与团队绩效之间的关系。

4.2.3　研究假设汇总

本章所有假设如表 4.1 所示。

表 4.1　研究假设汇总

假设编号	假设内容
H4.1	TMS 积极影响团队绩效
H4.2	社会认同积极影响团队绩效
H4.3a	网络密度积极影响团队绩效
H4.3b	网络中心度积极影响团队绩效

续表

假设编号	假设内容
H4.4	社会认同在 TMS 对团队绩效的影响中有正向的调节作用
H4.5a	网络密度在 TMS 对团队绩效的影响中有正向的调节作用
H4.5b	网络中心度在 TMS 对团队绩效的影响中有正向的调节作用

4.3　研究设计

本章通过实证分析的方法对本书提出的概念模型和假设进行检验。实证分析的数据一般来源现场调研、调查问卷、实验室试验等。本书采用实验与调查问卷相结合的方法来获取实验数据。首先，通过结合已有的成熟量表，并根据我们要进行的实验的具体情境来进行翻译和修改，制定初步的问卷。然后邀请相关专业的老师和研究生对我们制定的问卷提出问题，最后根据意见制成最后的测量问卷。

4.3.1　问卷设计流程

设计调查问卷必须遵守相应的标准流程。本书通过学校图书馆、谷歌学术、中国知网等途径获取大量权威期刊，并进行了查阅和记录，参照众多学者对各变量的定义及测量方式，将信度和效度均较高的测量题项转为符合我们的实验情境的问题。然后邀请相关专业的老师和研究生对设计的问卷提出修改意见，根据修改意见进行多次修改，最终形成适用于实验的终稿问卷。问卷设计的详细步骤如图 4.2 所示。

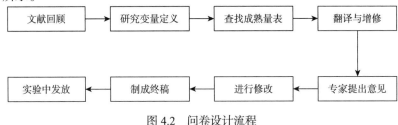

图 4.2　问卷设计流程

第一阶段，笔者利用学校图书馆丰富的电子资源及互联网的学术搜索引擎查找与本书中概念模型相关的期刊。对于相关文献中对自变量和因变量的定义与测量方式进行翻译，舍弃量表中效度和信度均不理想的题项，对理想题项进行探讨，并结合我们的实验情景加以修改，并对问卷的内容进行重新排版，制成初步问卷。

第二阶段，笔者就初步问卷，邀请某大学相关专业的老师和研究生对问卷进行试做。目的在于检验问卷的内容是否能够有效测量出我们需要的信息，并根据老师和研究生提出的意见进行修改，制成最终的问卷。

4.3.2　问卷设计及变量测量

前文我们已经陈述过，一个团队会大致经历"形成—震荡—执行"三个阶段来逐渐走向成熟。所以我们考虑从一个团队的初期就开始收集数据，一直到团队的最后阶段。通过多次收集的数据，我们可以研究基于 TMS 的知识整合模型在团队社会网络结构与团队成员心理情感因素的多重作用下在不同的时间点内发生的变化情况。因此本章依托一个为期八周的课程，在这八周内我们随着时间对同一团队进行三次观察和测量。在第一次测量时，虽然小组刚刚组建，但考虑到成员之间有可能已经存在一定的情感沟通，所以第一次的问卷主要考察成员间是否存在情感沟通以用来排除此类问题对实验结果的干扰。因此第一次的测量问题与第二次、第三次的问卷不同。本章采用的量表使用 Likert 5 点量表形式。

1. 第一次测量

第一次测量的问卷内容主要包括填写人的姓名、性别、班级等个人信息及问题"在最近几个星期，他给你提供过有关生活、情感方面信息的频率，0=从没，1=偶尔，2=时常，3=经常"，团队中的每个人必须填写。每个人将团队中其他人的姓名列出，在后面填写答案。测量成员间是否存在情感沟通的问题参考了罗家德（2010）、Krackhardt 和 Hanson（1993）等的方法。

2. 第二次和第三次测量

第二次和第三次测量的问卷内容主要包括填写人的姓名、性别、班级等个人信息，交互记忆系统的量表，社会认同的量表及测量团队在任务期间所形成的社会网络结构的问题。

1）社会网络结构

本章通过问题"这段时间，他给你提供过有关任务方面信息的频率，0=从没，1=偶尔，2=时常，3=经常"来测量在团队完成任务期间所形成的社会网络结构。该问题团队中的每个人都必须填写。每个人将团队中其他人的姓名列出，在后面填写答案。该测量问题参考了 Lee 等（2014）的方法。通过每个人的回答，每个团队可以形成一个"4×4"的矩阵。通过该矩阵，使用软件 UCINET 6.0，可以得出团队的网络密度和网络中心度。

2）交往记忆系统

前文指出，交互记忆系统的测量方法主要有实验室方法及问卷测量。目前 Lewis（2003）开发出的测量交互记忆系统的量表已经得到学者们的一致认可并且被广泛使用。因此本章也采用 Lewis 开发的量表来测量团队中形成的交互记忆系统，并参考其他相关研究剔除不良题项，修改后的具体的测量题项如表 4.2 所示。

表 4.2　TMS 的测量题项

变量名称	测量题项	来源
交互记忆系统 TMS	TMS1：我们团队中的每名成员都具有与任务有关的某方面知识 TMS2：我们每位团队成员各自负责不同方面的专长 TMS3：我能够舒服地接受其他团队成员的建议 TMS4：我相信其他成员掌握的有关任务的知识是可以信赖的 TMS5：我相信团队中其他成员在讨论中提出的信息是可靠的 TMS6：一起工作时我们团队协调得很好 TMS7：我们对于该做什么很少产生误解 TMS8：我们对于如何完成任务体会到很多混乱	Lewis（2003）

3）社会认同

社会认同的测量量表参考 Mael 和 Ashforth（1992）开发的量表，并进行了一定的删减，去掉了不符合团队特征的题项（表 4.3）。该量表简明清晰，且信度和效度均达到了较高水平，因此众多学者倾向选择该量表，并且该量表也较符合我们的实验情景。

表 4.3　SI 的测量题项

变量名称	测量题项	来源
社会认同 SI	SI1：当有人批评我的团队时，我感觉就像是自己受到了侮辱 SI2：我非常关心别人如何看待我的团队 SI3：团队的成功也是我的成功 SI4：当有人赞扬我的团队时，我感觉就像是自己受到了赞扬	Mael 和 Ashforth （1992）

4）团队绩效

本书将每个团队的成果交由多位评委独立打分，再将每位评委的分数加总和平均，作为每个团队的绩效，具体过程在下面的实验过程中描述。

4.3.3　实验设计

虽然先前的许多研究将 TMS 概念化为一个动态的现象，但仍然有相当多的研究测量 TMS 依赖于静态测量。然而一个团队是有生命周期的，一个团队的状态及团队中形成的 TMS 均是处在动态变化中的，所以本章依托一个为期八周的课程，在这八周内我们随着时间对同一团队进行三次观察和测量，这有利于在一个较长的时期内检验实验结果是否与我们提出的模型一致。

本章的数据来源于某大学三个专业五个班共计 172 名学生所组成的队伍。我们将所有人随机分成 4 人一组，共 43 组，以确保团队成员互相不熟悉，实验任务为完成一份以"互联网+"为主题的创业策划案，需要在市场环境分析、商业模式设计、竞争策略和营销策略、信息系统功能设计四个方面进行策划。在第一周的课堂上宣布小组任务，并且立即进行第一次测量，测量的形式是问卷，当场测量当场回收问卷，以便进行初步的统计。第五周的课堂上汇报小组进展状况，展示小组初步成果，上交初步策划报告，由 6 名研究人员对小组成果进行打分，以确保成绩的公正公平，每个小组展示完后立即发放问卷进行测量，填写完毕立即收回，以确保填写结果的真实性。在最后一周的课堂上每个小组展示最终成果，进行演讲，并提交最终报告，同样由 6 名研究人员进行打分，发放问卷并回收问卷。最终经过筛选，删除无效问卷，共计得到 35 支团队的完整问卷，问卷回收率81.4%，其中 49.3%为男生，50.7%为女生。

第一次测量时，虽然小组刚刚组建，但考虑到成员之间有可能已经存在一定的情感沟通，所以第一次的问卷主要考察成员间是否存在情感沟通以用来排除此类问题对实验结果的干扰。经统计，团队成员之间存在的情感沟通可以忽略不计，不会对实验结果造成影响。所以在第二次和第三次时，我们的问卷完整地测量了我们所需要的变量，并进行了因子分析和结构方程拟合等规范数据分析方法验证假设，确定最终模型。

4.4　实证分析

分析结构方程模型的软件主要有两类：一种是基于最大似然估计的 Amos、Lisrel，另一种是基于偏最小二乘法（PLS）的 Smart PLS、PLS-Graph、Visual PLS等。相较于最大似然估计，偏最小二乘法对残差分布没有限制。PLS 不仅产生模型路径的标准化回归系数的估计，而且还考虑了测量误差，然后可以用它来衡量潜在变量之间的关系，并且可以通过 Bootstrapping 方法来检验路径系数的显著性。PLS 的另一个优点就是运行样本量相对较小的模型。一般来说，观测的样本数与独立变量的比例在 5~30 即可。本章样本数与独立变量之间的比例为 7，位于 5~30的区间中。因此我们选用 Smart PLS 来对本章的模型进行验证和分析。

在此章节中，首先运用 SPSS 20.0 对数据进行描述性统计和群体内部一致性检验，然后运用 Smart PLS 2.0 进行结构方程建模分析，其中包括信度分析、效度分析及路径分析。

4.4.1　描述性统计

1. 问卷填写者情况统计

由于本章采取的实验进行了团队规模控制，因此，每个团队均由 4 人组成，共得到了 35 支团队的完整数据。表 4.4 为本次实验基本统计情况。

表 4.4　实验基本统计情况

项目	数量
每支团队的人数	4 人
参加实验的团队总数	43 支
参加实验的总人数	172 人
实际取得完整数据的团队总数	35 支
实际取得完整数据的总人数	140 人
男生人数	69 人
女生人数	71 人

2. 群体内部一致性检验

在对变量进行描述性统计之前，由于本章专注于团队层面的交互记忆系统、社会认同，本章的数据来源于团队成员的个体层面，因此我们需要将个体层面的数据聚合到团队的层面。在聚合之前，需要检验团队成员对问卷的回答是否存在一致性。因此我们根据 James 等（1984）提出的群体内部一致性 R_{wg} 来检验实验数据是否可以从个体层面聚合到团队层面。其计算公式为

$$R_{wg}(J) = \frac{J(1 - \frac{mS_{xy}^2}{\sigma_{eu}^2})}{J(1 - \frac{mS_{xy}^2}{\sigma_{eu}^2}) + \frac{mS_{xy}^2}{\sigma_{eu}^2}}$$

其中，J 表示该变量的题项数量；σ_{eu}^2 为假设分布的期望方差，$\sigma_{eu}^2 = \frac{A^2 - 1}{12}$，$A$ 表示测量等级数，如果量表采用 Likert 5 点量表，则 $A=5$；S_{xy}^2 为观测方差；mS_{xy}^2 为各题项的观测方差的平均值。

根据该计算公式，得到的交互记忆系统与社会认同的 R_{wg} 及 $R_{wg} > 0.7$ 的比例如表 4.5 所示。

表 4.5　R_{wg} 的测量结果汇总

		R_{wg} 的值	$R_{wg}>0.7$ 的比例
第二次测量	交互记忆系统	0.98	97.1%
	社会认同	0.96	94.2%
第三次测量	交互记忆系统	0.98	94.2%
	社会认同	0.92	91.4%

根据 James 等（1984）提出的个体层面可以汇聚到团队层面的标准：$R_{wg}>0.7$ 及 $R_{wg}>0.7$ 的比例不低于 90%，本章所获取的数据可以汇聚到团队层面。

3. 变量的描述性统计

表 4.6 表示的是本章的概念模型涉及的变量的平均值、标准差和中位数的统计结果。

表 4.6　变量的描述性统计

第二次测量	平均值	标准差	中位数
社会认同	4.24	0.34	4.31
网络中心度	0.17	0.15	0.11
网络密度	0.76	0.12	0.75
团队绩效	77.23	5.30	78
TMS	4.11	0.32	4.06
第三次测量	平均值	标准差	中位数
社会认同	4.45	0.31	4.44
网络中心度	0.11	0.13	0.11
网络密度	0.82	0.16	0.83
团队绩效	79.46	8.67	79
TMS	4.25	0.32	4.28

4.4.2　信度检验和效度检验

信度用来检验通过问卷对同一变量进行多次测量所得到的结果的稳定性和一致性，即量表测得结果是否是可信的。效度检验通过问卷对同一变量进行测量所得到的结果是否有效，简单来说就是指测量结果是否真实。

1. 团队社会网络量表的信度和效度检验

对于信度，表征团队社会网络结构的密度和中心度是通过软件计算得出的，而非主观判断。陈公海（2008）指出，社会网络量表测量的是实际发生的行为，而不是团队成员的主观臆想。另外，罗家德（2010）也指出测量社会网络结构的问题需要保证：①测量问题所询问的是行为；②将问题嵌入于情境中。因此，基于这些原则，本章保证了团队社会网络量表的信度。

对于效度，罗家德（2010）指出，可以通过目测、部门无效/网络无效等方法来剔除无效问卷。本章通过此法保证了团队社会网络量表的效度。

2. 交互记忆系统与社会认同量表的信度和效度检验

1）信度检验

由于本章所使用的量表为 Likert 5 点量表，因此对于检验量表信度的测量标准，学者们一般采用 Cronbach's Alpha 来表示。对于 Cronbach's Alpha 值的评判标准，一般认为 Cronbach's Alpha 至少要大于 0.6，值越高表示信度越高。信度检验结果如表 4.7 所示，检验结果显示，本章测量变量的 Cronbach's Alpha 的值均大于 0.7，说明问卷具有良好的信度。

表 4.7　测量模型信度检验

第二次测量	题项	Cronbach's Alpha
交互记忆系统 TMS	TMS1	
	TMS2	
	TMS3	
	TMS4	0.883
	TMS5	
	TMS6	
	TMS7	
	TMS8	
社会认同 SI	SI1	
	SI2	0.777
	SI3	
	SI4	
第三次测量	题项	Cronbach's Alpha
交互记忆系统 TMS	TMS1	
	TMS2	
	TMS3	
	TMS4	0.896
	TMS5	
	TMS6	
	TMS7	
	TMS8	

续表

第三次测量	题项	Cronbach's Alpha
社会认同 SI	SI1 SI2 SI3 SI4	0.867

2）效度检验

对于 Likert 5 点量表的效度检验，内容效度和结构效度经常应用于调查问卷效度检验中。

（1）内容效度。内容效度是指量表中的题项的描述是否能够清晰地描述出题项所要测量的内容，主要通过主观判断来保证内容的效度。本书通过查阅大量国内外权威文献，借鉴已有的成熟量表，进行修改，保证了内容效度及与我们的实验情境相符。

（2）结构效度。结构效度表示研究假设能够被测量工具所证明的程度，简单地说就是测量方法所测量的结果与研究提出的理论概念之间的一致程度。结构效度具体可以分为两种：收敛效度与区别效度。收敛效度表征了不同方法对同一概念测量所得的结果的一致性程度，区别效度指的是各变量与维度的区别程度。

收敛效度的判断标准如下：

（1）因子载荷至少大于 0.5，显著水平（$p<0.05$ 或 $p<0.001$）；

（2）组合信度值至少大于 0.7；

（3）平方差提取值（AVE）至少大于 0.5。

本章收敛效度如表 4.8 所示，结果显示，各变量的收敛效度均达到了较好的水平。

表 4.8　测量模型收敛效度分析

第二次测量	题项	因子载荷	CR	AVE
交互记忆系统 TMS	TMS1	0.636	0.890	0.505
	TMS2	0.782		
	TMS3	0.795		
	TMS4	0.620		
	TMS5	0.622		
	TMS6	0.713		
	TMS7	0.838		
	TMS8	0.644		

第二次测量	题项	因子载荷	CR	AVE
社会认同 SI	SI1	0.737	0.834	0.565
	SI2	0.548		
	SI3	0.742		
	SI4	0.931		

第三次测量	题项	因子载荷	CR	AVE
交互记忆系统 TMS	TMS1	0.707	0.902	0.538
	TMS2	0.705		
	TMS3	0.828		
	TMS4	0.688		
	TMS5	0.704		
	TMS6	0.603		
	TMS7	0.727		
	TMS8	0.836		
社会认同 SI	SI1	0.843	0.901	0.695
	SI2	0.776		
	SI3	0.781		
	SI4	0.927		

对于区别效度,我们将各变量的 AVE 值的和变量之间的相关系数的平方相比较,若 AVE 值大于相关系数的平方值,则表示各变量区别效度较好。区别效度的结果如表 4.9 所示,结果表明本章中的变量达到了较好的区别效度。

表 4.9　测量模型区别效度分析

第二次测量	社会认同	网络中心度	网络密度	团队绩效	TMS
社会认同	**0.75**				
网络中心度	0.01	—			
网络密度	0.17	−0.64	—		
团队绩效	0.20	−0.03	0.19	—	
TMS	0.69	−0.03	0.34	0.28	**0.71**
第三次测量	社会认同	网络中心度	网络密度	团队绩效	TMS
社会认同	**0.83**				
网络中心度	−0.34	—			
网络密度	0.20	−0.72	—		
团队绩效	0.32	0.00	0.12	—	
TMS	0.55	−0.32	0.55	0.31	**0.73**

4.4.3　结构方程模型分析

基于以上几节对数据进行描述性统计、信度和效度检验后，为了对比加入调节变量的前后模型的整体拟合情况与模型解释力变化情况，本节对概念模型进行分层拟合，将调节变量逐步加入拟合模型中。具体拟合情况如表 4.10 所示。

表 4.10　模型分层回归汇总

第二次测量					
路径	模型 1	模型 2	模型 3	模型 4	模型 5
TMS→绩效	0.19*	0.25*	0.19*	0.17*	0.26*
社会认同→绩效	0.04	−0.16	−0.001	−0.03	−0.17
网络密度→绩效	0.18*	0.17*	0.17*	0.23*	0.21*
网络中心度→绩效	0.09*	0.13*	0.04	0.12*	0.21*
TMS × 社会认同→绩效		−0.49**			−0.57**
TMS × 网络密度→绩效			−0.16**		0.18*
TMS × 网络中心度→绩效				0.19	0.07
团队绩效方差解释比例	0.093	0.307	0.114	0.122	0.325
第三次测量					
路径	模型 1	模型 2	模型 3	模型 4	模型 5
TMS→绩效	0.12*	0.24*	0.12*	0.09	0.22*
社会认同→绩效	0.31*	0.14*	0.32*	0.39**	0.24*
网络密度→绩效	0.19*	0.14*	0.16	0.02	0.31*
网络中心度→绩效	0.28*	0.18*	0.27*	0.23*	0.33*
TMS × 社会认同→绩效		−0.33**			−0.26**
TMS × 网络密度→绩效			−0.03		0.49*
TMS × 网络中心度→绩效				0.25*	0.5*
团队绩效方差解释比例	0.156	0.245	0.156	0.193	0.294

*代表 $p<0.05$，**代表 $p<0.01$

注：TMS—交互记忆系统，绩效—团队绩效

从表 4.10 中可以看出，在第二次和第三次的测量中，模型 2、模型 3、模型 4 和模型 5 相对于模型 1，模型的解释力均增强了。

表 4.11 显示了假设检验汇总结果，两个阶段最终结果显示：TMS 对团队绩效起到了正向促进的作用，H4.1 成立；社会认同对团队绩效在第三阶段起到了正向促进的作用，H4.2 在第三阶段得到证实；团队网络密度对团队绩效起到了正向促进作用，H4.3a 成立；团队网络中心度对团队绩效起到了正向促进正作用，H4.3b 成立；团队社会认同负向调节 TMS 与团队绩效的关系，H4.4 反向成立。团队网

络密度对 TMS 与团队绩效的关系起到了正向调节作用，H4.5a 成立；团队网络中心度对 TMS 与团队绩效的关系的正向调节作用即 H4.5b，在第三阶段得到证实。

表 4.11　假设检验结果汇总

假设	第二次测量	第三次测量
H4.1	成立	成立
H4.2	不成立	成立
H4.3a	成立	成立
H4.3b	成立	成立
H4.4	反向成立	反向成立
H4.5a	成立	成立
H4.5b	不成立	成立

4.4.4　实证结果讨论

1. TMS 的实证结果探讨

本章提出的 TMS 正向影响团队绩效，即 H4.1 在两个阶段均得到了证实。已有许多学者证实了 TMS 对团队绩效有着明显的积极影响。TMS 能够帮助成员更快速更合理地获取其他成员擅长的知识，使团队内的知识资源得到合理分配，从而提升知识的整合和利用率，如增强成员处理问题的能力，促使团队做出更合理的决策等，进而改善团队的输出结果。

2. 社会认同的实证结果探讨

H4.2，即团队认同正向作用于团队绩效，在第三阶段得到了支持，在第二阶段没得到支持。这可能的解释是，在团队的前期，虽然团队成员间已经形成了高水平的社会认同，但团队成员并不是十分熟悉，在知识共享和知识协作方面仍存在一定障碍，因此团队社会认同对团队绩效的正向作用在第二阶段并不显著。H4.4 认为，团队社会认同会在 TMS 与团队绩效之间发挥正向的调节作用。因为从我们之前的观点来看，在高社会认同的团队中，基于对团队目标达成的共识及自尊的驱策，成员会主动地信任其他成员，积极地配合他人，分享自己的知识与接收他人的帮助，从而有利于团队绩效提升。但结果显示，团队社会认同呈现出负向的调节作用，这与我们提出的假设相反。因此我们提出可能解释此现象的原因：高水平的社会认同会让成员觉得自己是团队中的一员并伴有强烈的归属感，因此会视团队中的其他成员为自己的好朋友、好伙伴，这无形中提高了对其他成员的信任水平。这种信任是基于情感的信任而并非基于知识的信任，甚至是一种感性的盲目的信任。当其他成员向自己提供他所掌握的知识时，会直接对这些知识给予信任，而忽略了检验这些知识的真实性和可靠性。虽然高社会认同加速了团队 TMS 的成熟促进了团队的协作，却忽略了 TMS 作为一个知识性的分工合作系统所依赖的根本，那就是知识必须是真实有效的。因此看似 TMS 更加有效了，然而基于知识的协作对于团队的效力却降低了，究其原因，可能是基于情感的社会认同的作用抵消了基于知识交互记忆的作用，所以社会认同在 TMS 和团队绩效之间发挥了负向的调节作用。

3. 团队社会网络结构的实证结果探讨

在一个由来自不同专业的成员组成的团队中，成员在思考问题和解决问题时的思路不同，差别会较明显且容易产生分歧，如果不及时进行深度沟通以及将团队成员紧紧凝聚在一起，则将对团队的绩效产生不良的影响。在一个团队成员保持密切沟通且拥有明确的核心人物带领时，团队绩效自然就得到了提升，因此 H4.3a 和 H4.3b 均得到实证检验结果的支持。H4.5a，即团队网络密度积极调节 TMS 对团队绩效的正向作用，得到了数据的支持。这不难理解，团队网络密度越大，代表成员互动水平越高，从而产生了大量互换专长知识的机会，因而高强度的团队交流在基于专长分工而形成的认知协作系统，即 TMS 与团队绩效之间起到了正向的调节作用。原 H4.5b，团队网络中心度积极调节 TMS 对团队绩效影响中有正向作用，在第二阶段表现出了正向调节的趋势，但是并不显著，而在第三阶段得到了证实。这一现象说明，在团队整个生命周期中，由来自不同领域的人员组成的团队确实需要一名核心人物在团队中起沟通协调各种不同关系的作用，缺少一个或几个这样的人物，团队的凝聚力和向心力将变得十分脆弱。至于其调节作用在第二阶段并不显著，这恰恰说明，团队的核心人物发挥的作用正处在上升阶段，团队成员间在心理上仍存在一定的距离和隔阂，无法形成有效的认知和合作，所以在第三阶段，团队的核心人物成功地拉近了团队成员的心理距离，对团队整体知识形成了有效认知并进行合作，团队成员间能够形成高质量的信任水平，因此 TMS 作用于团队绩效的正向影响自然就升高了。

4.5　结论与展望

本章通过对相关文献进行梳理，采取实验和调查相结合的方法，对提出的概念模型进行实证检验，并得出了相应的结论。在此基础上，进行了进一步的总结，主要包含三部分：一是对本章的主要研究问题进行总结；二是阐述本章结论的理论贡献和实践贡献；三是指出本章的不足、未来仍需要改进的地方及进一步的研究方向。

4.5.1　研究总结

本章旨在探明知识型团队中交互记忆系统在不同的组织结构和组织氛围情境因素下发挥的作用。本章对某大学三个专业的本科生组成的学生团队进行实验和问卷调查，使用 SPSS 20.0 与 Smart PLS 2.0 进行描述性统计、群体内部一致性检验、信度和效度检验及结构方程模型路径分析。在完成任务的整个生命周期内研究结果如下所示。①交互记忆系统的作用结果：交互记忆系统在完成任务期间对团队绩效起到了正向促进的作用；②社会认同的作用结果：社会认同在完成任务的第三阶段对团队绩效起到了正向促进的作用，团队社会认同在完成任务期间负向调节交互记忆系统与团队绩效的关系；③团队社会网络结构的作用结果：在完成任务期间，网络密度和中心度对团队绩效起到了正向促进作用，并且网络密度在交互记忆系统与团队绩效之间起到了正向调节作用；在完成任务的第三阶段，网络中心度在交互记忆系统与团队绩效之间起到了正向调节作用。

1. 交互记忆系统的作用结果

交互记忆系统作为一种能够有效整合知识的"认知—协作"系统，能够促使知识型团队完成所需的知识与信息通过沟通与协作传递到最适合存贮该知识的成员之处，提高了知识资源的合理分配和优化配置，使团队成员之间的合作达到较高的流畅度，存储于所有成员大脑的知识得到了合理的利用。因此当成员遇到自己无法解决的问题时可以快速地找到擅长解决此类问题的专家，同时也有利于每位成员专注于自己擅长的领域，从而促进了团队绩效的提升。

2. 社会认同的作用结果

基准模型的假设检验结果显示，社会认同在第三阶段对团队绩效产生了显著的正向影响，在第二阶段具有正向影响的趋势但并不显著。团队成员为了完成共同的目标，自发地产生了对自身所处群体的高水平认同，这有利于成员保持一个积极的态度去进行知识共享和沟通协作，积极地参与到构建和维护交互记忆系统之中，但在初始阶段成员间仍存在一定信息处理视角的差异，而在后期成员之间的协调度上升，从而促进了团队绩效的提升。但是，由于高社会认同会促使成员关系由陌生人向好朋友转化，会使成员过于注重基于情感的信任而忽视基于知识的信任，以至于团队沟通中传递的错误知识并没有被甄别出来，所以看似提升了交互记忆系统的作用效果，但由于知识的错误率提升，社会认同在交互记忆系统与团队绩效间起到了负向的调节作用。

3. 团队社会网络结构的作用效果

通过交互记忆系统的构建和成熟，团队成员逐步了解了群体中谁是哪方面的专家，谁掌握什么样的知识，进而形成对整个团队知识结构的全面认识，而团队的社会网络结构会影响他们对这种知识的获取。团队网络密度高意味着成员间进行了充分的交流和交换专长与知识，特别是隐秘知识和经验的沟通，使成员对团队遇到的问题和困难保持一个相似的态度，有利于问题和困难的解决。团队的高网络中心度也意味着一个团队具有核心凝聚力，一个核心人物对团队的成熟、人际关系的和谐、克服任务过程中的挑战等起到了关键的作用，从而在交互记忆系统与团队绩效的关系中起到了知识与信任的沟通与协调的作用。

4.5.2 研究贡献

1. 理论贡献

本章首先从团队社会网络和团队成员的社会心理视角测量并探讨了 TMS 的作用原理，与以往研究关注于信息的处理过程来研究 TMS 的方法不同，而更着重于在沟通与协作过程中成员间所构成的社会网络结构和心理情感方面的连接，证实了这两者在团队成员的沟通与合作中所发挥的重要作用。另外，不同于以往的研究只采用单一截面数据进行分析，本章专注于团队完成任务的整个生命周期，采取了多次测量的方法，检验了团队网络结构和社会认同在不同时期所发挥的作用。研究结论对在不同社会网络结构和团队社会认同情境下，TMS 对绩效的作用做出了理论贡献。

2. 实践贡献

研究结果对管理实践有一定的启示。首先，在实际的活动中，团队应该时刻注重加强成员间相互联系的强度，促使他们进行充分的交流，这样能更大地挖掘 TMS 的潜力。其次，团队也应该注重培养团队中的领军者。一个优秀的带头人会快速地带领团队走向成熟，协调团队内部的各种关系与矛盾，使成员能够尽快地互相熟悉，加速 TMS 的形成。最后，团队社会认同水平的高低也需要一个度。高水平的社会认同虽然会改善成员的情感关系，但因此可能会导致有人过于注重友情而盲目信任朋友传递过来的知识，忽略了对专长知识准确性的辨别，降低了对知识分工协作的依赖，有可能降低 TMS 的效用和造成团队绩效的下降。

4.6 研究局限与展望

本章在一定程度上取得了具有一定意义的结果，但受制于主观与客观因素，仍存在一定的不足之处及局限性，未来仍需要进行进一步的研究。

1. 数据收集的限制

虽然本章采取了多次测量的方法，在团队完成任务的整个周期内进行了三阶段的测量，依此来检验交互记忆系统在团队协作中的作用机制。但是测量次数仍然较少，而团队的交互记忆系统、网络结构、心理因素是处于动态变化过程中的，所以实验缺乏对连续动态的结果的研究。因此，未来的研究应采用时间序列法，探索在一个较长的时期内，各变量的协同演化规律，更深入地探明交互记忆系统在知识型团队中的作用机理。

2. 样本的限制

首先，本章所使用的样本来自学生团队，而在实际的活动中团队的类型有很多，因此本章的结果可能不具有普适性。其次，我们的团队规模为四人组，仅能够构成较小的社会网络，实验结果可能不适用于大规模人数的团队，所以实验还有待在更大的团队中，采用更复杂的社会网络数量分析方法进行分析，从而进一步深入解释社会网络情境下交互记忆系统的作用；最后，虽然偏最小二乘法可以适用于较小的样本量，但在实证研究中，样本的数量仍是影响结果的重要因素之一。因此，未来应该在更大的样本量中，研究在范围更大和类型更多的社会网络中交互记忆系统的知识整合机制。

第5章　App 设计团队网络构型对绩效的影响研究

5.1　理论框架与概念模型

　　管理学越来越强调团队对组织成功的重要性，通常在任务复杂，个人难以独立完成时应用基于团队的架构。信息系统领域中通过组建团队，可以利用汇集不同领域及不同专长个体的知识，通过协作减轻个体负担，通过合作共同努力以应对复杂的技术及市场环境变化。因此探究 App 设计团队交互结构及过程，有利于提升 App 设计团队工作成果，为组织合理利用及管理团队提供理论基础。

　　团队结构—过程—绩效框架表明，团队结构通过其对团队过程的影响间接地与有效性相联系。团队绩效是一个多维的概念，是团队行为的主要结果。创造力是 App 设计的关键任务绩效，团队效率和满意度则关注到除任务输出以外的过程绩效和态度绩效。本章以团队创造力、团队效率和团队满意度三个维度作为 App 设计团队输出，试图寻找提升团队绩效的最优结构和过程机制。

　　团队结构反映了团队成员之间的关系和安排模式，是知识和任务的分工、协调和控制方式的结果，一旦形成就被认为是相对稳定的。团队网络构型是结构的一种形式，由于项目绩效是团队成员之间互动和动态的结果，人的因素直接关系到项目的成功或失败。因此本章以表征团队成员关系及交互的团队网络构型为主要出发点，根据工具性关系和表达性关系是否重叠，将团队网络进行划分，关注到不同网络之间的不同资源性质。如表 5.1 所示，在单一网络中，只存在工具性关系（表 5.1 的第 2 列，用实线表示）或表达性关系（表 5.1 第 3 列，用虚线表示）。在工具-表达重叠网络中，任意两个节点之间工具性关系和表达性关系同时存在（表 5.1 第 3 列，用捆绑或重叠的虚线表示）。

表 5.1　　重叠和单一团队网络

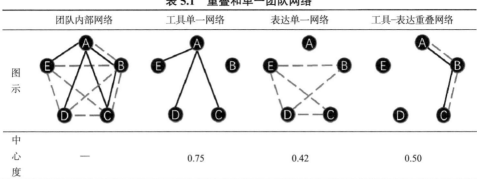

	团队内部网络	工具单一网络	表达单一网络	工具–表达重叠网络
图示				
中心度	—	0.75	0.42	0.50

注：节点表示团队成员，实线表示团队成员之间的工具性关系，虚线表示表达性关系

　　网络中心度，即团队网络集中程度，是网络的重要结构特征，通过团队关系的构型方法获得。网络中心度衡量的是成员关系在中心节点周围组织的程度。高度集中的团队倾向围绕一个或多个核心成员互动，而外围成员则保持分离。因此中心度程度反映了资源分配的均等程度，也反映了个体在团队网络中的相对重要性。如图 5.1 列 2 所示，它的网络中心度较高，其中成员 A 可以直接与成员 C、D、E 沟通任务相关信息，而成员 C、D、E 之间不能直接沟通。因此，只有一个参与者（即成员 A）主导网络。他/她比其他成员有更多的关系，其他成员之间需要沟通只能通过 A 的间接路径，因而成员 A 成为团队信息传递中心和控制中心。因此本章以重叠网络、工具单一网络和表达单一网络的中心度作为自变量，表征团队结构，从而分析不同类型的团队网络结构与团队绩效的相关关系。

　　团队过程是指团队成员以相互依存的方式完成任务的认知、言语和行为活动。过程行为既可以是"建立、加强和调节群体生活"的维护行为，也可以是使群体"解决群体致力于解决的客观问题"的任务行为。其中维护行为鼓励开放顺畅的人际关系，而任务行为则强调成员对知识和技能的输入，以及处理任务相互依赖。本书从信息处理视角和社会分类视角引入信息加工和相似性感知，分别从任务相关和人际关系两个方面进行研究。为了有效地完成这项工作，团队需要在促进独特想法的知识过程和将成员聚集在一起形成共同身份的过程中取得平衡。通过细化团队过程，探究信息加工和相似性感知在团队不同网络的中心度和团队绩效关系中的作用，从而打开团队网络结构和团队绩效之间的黑箱，为最大化团队网络构型作用提供启示。

　　综上所述，本章的概念模型如图 5.1 所示。

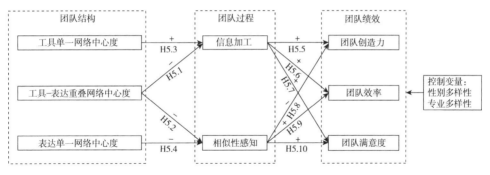

图 5.1　概念模型

5.2　研究假设

5.2.1　重叠网络中心度的作用

重叠网络的内容研究是其对绩效作用研究的前提，因为网络对团队成果的影响与网络中流动的资源的性质密切相关。重叠网络和工具单一网络中关于任务的信息数量（任务信息的多少）和信息类型（知识的显隐性）对网络中节点的信息交换和整合有不同的要求；重叠网络和表达单一网络都带有社会线索，如与任务相关的情感或与任务无关的情感，如何更好地配置团队，使其有效利用信息和社会线索，是本书的重点。

在信息及资源方面，工具-表达重叠网络和工具单一网络存在差异。第一，从信息数量比较,团队中的工具-表达重叠网络和工具单一网络都会承载任务相关的信息、知识和想法，但是重叠网络所承载的信息量更多。有两方面原因，一方面，二元间友谊和社会支持关系有助于创造一种积极的氛围，使成员分享信息和知识的意愿更强；另一方面，团队中的个体为了避免被重视的人（如朋友）视为有缺陷和不称职，可能会向其视为朋友的同事提供任务相关的知识，以获取更高评价。这两种原因使得重叠网络传递的任务知识资源更丰富。第二，从隐性知识比较，比起工具性单一网络，成员更喜欢在重叠网络中共享隐性知识。隐性知识是关于如何做事情的知识，有基于经验的、非成文的和复杂的性质。比起工具单一关系，重叠网络中存在的情感、信任和互惠，使得成员更愿意通过重叠关系共享隐性知识。重叠网络和单一网络的比较，如表 5.2 所示。

表 5.2　重叠网络和单一网络的比较

比较维度	工具-表达重叠网络	工具单一网络	表达单一网络
信息资源类型	任务相关的和任务无关的	任务相关的	任务无关的
信息本质	更显性	更隐性	更隐性

在传递的人际资源方面，重叠网络和单一网络存在差异。尽管工具-表达重叠网络和表达单一网络都携带着人际情感，都是隐性的，不易记录和表达，然而，这种情感也是存在差异的。具体而言，重叠关系基于与任务相关的认知，如能力、责任、可靠性，传递的情感包括鼓励、发泄挫折或调节成员之间的压力，本质是为了更好地完成任务。相反，表达单一网络是基于成员的个人爱好和兴趣，包含如更真诚的关心、同理心和亲和力等私人情感。因此，重叠网络更多关注与任务相关的人际资源和信息，而表达单一网络更多关注与任务无关的人际信息。重叠网络和单一网络的比较如表 5.2 所示。

App 设计通常会处理非结构化的问题，即 App 设计问题通常是缺乏良好定义、不清晰、不规则、不完整的问题，如市场分析、明确用户需求、做出可能的设计方案等，因此需要信息加工，也就是说团队成员之间完全共享信息和知识，并向正确的同事交付正确的信息，是集成信息完成任务的前提。团队重叠网络中心度有利于提升团队的信息加工水平，基于几点原因。第一，从重叠网络视角来看，重叠网络既包含任务相关的信息，也包含社会相关的信息，其数据量是丰富的。针对网络构型理论，集中式的配置结构会增加中心节点的信息处理负载，进而增加信息交换、讨论和集成的难度。因此团队中心度高时对于数据量庞大的工具-表达重叠网络而言是尤其不利的。第二，针对网络构型理论，集中式的网络结构中，边缘成员之间会使用间接路径沟通，即通过中心节点进行信息和知识的传递与转移，而间接路径的使用增加了信息失真与信息扭曲风险，从而抑制了信息加工。重叠网络视角特别提到，在工具-表达重叠网络中，隐性知识难以记录、表达和编撰，必须由知识拥有者转移，否则在传播过程中知识扭曲的可能性更高。当存在信息扭曲和信息分歧时，团队讨论和整合 App 设计解决方案就会更加困难。因此，团队重叠网络中心度较高时，集中式结构带来的信息失真会影响信息交换、讨论和集成，从而削弱信息加工作用。因此，本章提出如下假设：

H5.1：工具-表达重叠网络中心度负向影响团队信息加工。

本章预计重叠网络中心度与相似性感知负相关，有以下两点原因。第一，从网络构型理论来看，分散（中心度较低）的重叠网络中，缺乏工具性和表达性资源控制中心，各种角色可能同样重要。网络构型与社会分类关系的文献中提到，结构等价网络中，团队成员间容易形成相似性态度和行为，社会分类过程不被激活。第二，相似-吸引理论中涉及的团队相似性既包括浅层次的人口统计学信息，也包括深层次的性格、态度和价值观等差异。从网络构型理论来看，控制中心的缺乏提高了外围成员在如何管理团队任务相关情绪方面的自主权，包括与团队任务相关的信心、压力和焦虑等情感。通过外围成员积极主动地情感沟通和自我管理，以及分散配置中被动而广泛的任务分配与沟通，团队成员有机会消除彼此之间最初的刻板印象。特别是团队成员会基于浅层次的民族、性别等生理差异，推断深层次的性格、价值观差异，从而形成刻板印象，通过主动或被动的任务或情感沟通，有利于消除最初成员认为彼此间并不相同的刻板印象，从而形成更高的相似性感知。因此，本章提出如下假设：

H5.2：工具–表达重叠网络中心度负向影响团队相似性感知。

5.2.2　单一网络中心度的作用

针对重叠网络视角，与重叠网络相比在传递 App 设计资源方面，工具性单一网络传递信息量较少，且更偏向于显性知识，即可以用书面方式精确表达的知识，如需求分析文档、设计文档、设计工具知识等。本章预计工具性单一网络的中心度与信息加工，即知识的交流、讨论和整合有积极的关系。一方面，从网络构型视角来讲，处于集中式网络中心的成员具有资源优势，能够识别和定位更广泛的专业知识，并根据其他成员的需求分配所需资源，从而降低团队成员获得冗余资源的可能性和沟通成本。对于 App 设计团队中处理更显性的工具单一性网络而言，当在需求文档、设计工具知识等显性知识方面遇到问题时，只需要向中心成员求助，中心成员最了解整个团队流程和团队成果，可以在给出专业建议的同时节省沟通时间成本。另一方面，针对重叠网络视角，由于工具单一网络需要处理显性的信息和知识且信息量较少，此时中心节点负载较小，信息扭曲和失真概率较小。这些广泛的、非冗余的、事实的和准确的信息对信息交换是有利的，因此中心度较高的工具单一网络为团队带来的优势远远大于劣势。因此，本章提出如下假设：

H5.3：工具单一网络中心度正向影响团队信息加工。

表达单一网络中心度可能与相似性感知负相关。针对重叠网络视角，由于在表达单一网络中，传递的是更偏向个人情感的更真诚的关心、同理心和亲和力，相对于重叠网络对团队集体压力和情绪管理方面会更少，而表现出善良和真诚关怀的成员更易被其他成员所偏好。网络构型理论提到，在高度集中的表达单一网络中，具有高中心性的成员因其高受欢迎程度而获得非正式权力。权力分配的不均衡会激活社会分类。相反，在分散的表达单一网络中，团队网络中心度较低，成员之间的影响与互动更加平等和相互尊重，这种平等互惠的氛围在团队成员之间创造了一种亲密感和亲切感，加强了团队内部对相似性的感知。因此，在中心度较低的表达单一网络中，团队成员认为团队足够相似，可以融合为一个整体。因此，本章提出如下假设：

H5.4：表达单一网络中心度负向影响团队相似性感知。

5.2.3　信息加工的作用

团队创造力来自团队成员对多元化观点的集体加工，从而为团队提出新的有价值的想法。一方面，团队创新解决方案不是单一的，需要更多新颖的备择方案，并在此基础上发散思维和不断深化。随着团队信息加工程度的提高，团队成员共享独特信息和知识更加积极、强烈，因此扩大了团队公共知识库，从而增强了知识互联和碰撞的可能性，从而可能产生更新颖的方案和更多的新奇想法。另一方面，团队创新成果需要进行比较和整合，在任务中选择最新颖可行的设计方案，即同时期只能选择最紧迫的需求，设计最符合用户心理和最有可能在市场上获利的一款 App 版本。

随着信息加工程度的提高，团队可以从不同的角度更充分地讨论、衡量、评估和选择在发散思维阶段产生的想法，以此来提高创造力。因此，团队通过信息交流扩展知识库，通过信息讨论和整合促进灵活新颖思想的深化和评估，意味着信息加工有利于团队创造力。因此，本章提出如下假设：

H5.5：团队信息加工正向影响团队创造力。

在 App 设计中，效率不仅评估为达到预期产出所投入的时间和精力，还包括将投入转化为产出的解决问题和做出决策的能力。为了做出有效决策，团队需要收集和处理成员拥有的各种独特信息。信息加工与团队决策和解决问题的能力呈正相关，信息加工程度越高，团队的知识资源得到有效利用、单位时间和单位付出的产出就越高。因此，本章提出如下假设：

H5.6：团队信息加工正向影响团队效率。

团队信息加工水平可能与团队满意度正相关。一方面，团队信息处理视角中提到，当团队成员相信彼此的知识和建议能被充分考虑时，他们认为整体团队绩效会得到提高，因此更有可能对整个团队合作过程和团队产出感到满意。另一方面，从团队冲突理论分析，更高的信息加工过程中，成员间互相倾听和讨论的程度更高，有利于识别潜在的任务相关知识和方案的冲突来源，并试图消除分歧并解决分歧。因而有利于团队抵制有害的关系或情感冲突，并创造一个有利的合作氛围，从而使团队满意度更高。因此，本章提出如下假设：

H5.7：团队信息加工正向影响团队满意度。

5.2.4　相似度感知的作用

团队相似性感知可能会抑制团队创造力。第一，创造力是通过不同领域知识的联系和不同观点的分歧来实现的。如果一个团队成员间有相似的性格和思维模式，他们产生独特且新颖想法的可能性就较低，对于需要创新的 App 设计来说是极其不利的。第二，交互记忆系统理论提到，在合作过程中团队需要完善的知识地图，即对团队每个成员专长知识深入了解，从而在团队合作过程中更好地存储和检索知识。成员间深度相似使得认知风格和思维模式差异变小，而信号检测理论认为，这些细微差异对于更新知识目录而言是不利的，因此不同成员间知识关联的可能降低，创新可能不高。第三，从团队冲突过程出发，当成员感受到较高的团队相似性时，为了避免关系冲突从而破坏团队合作氛围，成员若对方案有异议也会尽量避免提出异议。即使有成员提出了与主流观点不同的想法，也可能得不到大多数人的重视和讨论，新颖的方案被忽略。正如研究表明，任务冲突尤其有利于创造性思维，是由于任务冲突会导致团队重视所有成员的观点，增加发散性思维，重新审视问题并评估现状。因此，相似性感知对创造力是有害的，本章提出如下假设：

H5.8：团队相似性感知负向影响团队创造力。

团队相似性感知有助于提高团队效率。相似-吸引理论认为，人们倾向与同自己相似的人合作，因为同类间的合作强化了自我的态度和行为。同样，社会认同理论也假定了群体内成员的积极态度和对群体内成员的偏爱，而对群体外成员疏远减少任务合作。当团队相似性感知较高时，整个团队齐心协力为完成 App 设计任务共同努力，而不是分化成子组，这使得团队不需要花时间在人际关系上，付出更多时间和精力用于完成任务，从而提高时间效率和解决问题的能力。因此，本章提出如下假设：

H5.9：团队相似性感知正向影响团队效率。

相似性感知与团队满意度正向相关。一项纵向现场实验表明，拥有相似角色的团队比拥有不同角色的团队更具凝聚力。同时对表面和深层相似性感知的研究表明，相似性感知是凝聚力的预测因子。凝聚力会增强社会依恋和整合，团队满意度自然增加。因此，本章提出如下假设：

H5.10：团队相似性感知正向影响团队满意度。

5.2.5　小结

本节在第 2 章文献综述的基础上，基于结构—过程—绩效框架构建了整体模型。研究模型的假设汇总如表 5.3 所示。

表 5.3　研究假设汇总

假设	内容
H5.1	工具-表达重叠网络中心度负向影响团队信息加工
H5.2	工具-表达重叠网络中心度负向影响团队相似性感知

假设	内容
H5.3	工具单一网络中心度正向影响团队信息加工
H5.4	表达单一网络中心度负向影响团队相似性感知
H5.5	团队信息加工正向影响团队创造力
H5.6	团队信息加工正向影响团队效率
H5.7	团队信息加工正向影响团队满意度
H5.8	团队相似性感知负向影响团队创造力
H5.9	团队相似性感知正向影响团队效率
H5.10	团队相似性感知正向影响团队满意度

5.3 实验设计

5.3.1 研究方法

本章采用调查问卷、现场实验和实证分析等研究方法，来检验提出的概念模型。第一，根据实验目的选取高校信息管理系统课程学生作为研究对象，组建 App 设计团队，设计并开展现场实验。第二，对相关变量进行测量并设计问卷。在任务结束后，团队成员填写调查问卷，获取团队工具性关系、表达性关系、团队信息加工、团队相似性感知、团队效率和团队满意度数据，而团队创造力由专家打分的方式获取，通过多源数据减少共同方法偏差影响。第三，基于统计分析方法，计算重叠网络和单一网络的中心度，并将个体层次的数据汇聚到团队层次，进行信效度检验，得到研究变量。第四，通过结构方程模型检验理论模型与假设是否成立。

5.3.2 实验设计

本章选取一所高校管理信息系统课程的所有注册学生为研究对象，这些学生来自不同专业，共计 260 名，被随机分配到 63 个四人或五人团队。团队成员的数量几乎相同，是为了消除不同团队规模对实验结果的干扰。随机分配最大限度避免了学生之间人际关系的影响，同时有助于团队成员建立新的关系和互动。

实验要求团队完成一个 App 设计项目，为期八周，以获得部分课程成绩和学分。任务要求每个团队在现有技术的基础上设计一款移动应用原型，并完成商业计划。具体而言，团队需要自行选择一个有趣的话题，在用户需求、市场和技术可行性分析基础上设计一个创新且可行的应用原型，最终撰写一份完整的商业报告，包括消费者分析、成本分析、便利分析、沟通分析、应用程序功能及设计。

研究团队被告知课程教师根据 App 设计原型演示和商业报告，对团队创造力（包括原创性和实用性）进行评级。整个过程持续八周，确保团队成员充分沟通和协调，产生、选择和整合个体信息和想法。在课程的最后一周，团队提交最终的商业报告，并完成现场调查问卷，并提示学生问卷与成绩无关以保证数据尽可能真实。在删除无效数据后，本章收集了 62 个团队共计 256 名参与者的数据，调查回收率为 98.4%。

该实验研究的优势如下：①选择 App 设计任务，具有典型的创新导向特征，是当前信息系统开发领域研究重点；②通过实验控制的方法尽可能减少无关变量对研究模型的干扰，如在实际企业研发环境下企业文化、企业制度等环境因素；③选择管理信息系统专业的学生，对 App 设计有一定了解，且可以构建更优的团队，减少先前不同经验、多样性等因素影响，有利于考察网络结构在团队过程及结果中起到的作用。

5.3.3　变量测量

本章中的调查问卷及变量测量遵循以下几个流程。首先，通过阅读大量文献，在相关变量的定义、内涵及测量方式基础上，结合本章实验目的进行初步问卷设计。其次，邀请本专业的老师和专家对初步问卷进行评审，包括量表选择、内容翻译准确性等，不断进行修改后形成最终的调查问卷。问卷内容包括四部分，被试者姓名等基本情况、团队关系、团队过程和团队绩效。在团队关系部分，列出团队名单，要求每位成员对团队其他成员依次进行 5 级利克特标准打分以构建矩阵，在团队过程和团队绩效方面，被试者根据题项对整个团队进行打分，用 1~5 分对应非常不同意到非常同意。

1. 网络中心度

团队内部网络的测量包括两个部分：一是基于网络连接视角明确团队内部成员之间的关系从而构建不同的团队网络；二是通过构型方法将微观层次的团队成员关系或团队交互流程表征为团队网络结构要素。

社会关系的测量方法包括两类，社会计量法和自我中心法。社会计量法需要为每个受访者提供一个固定的花名册，并要求他/她描述自己与名单上每个人的关系。它的优点是提供了网络内所有的交互信息，然而每个受访者自我的关系网络因人而异，可能与研究者划定的范围不一致，因此定义网络边界是至关重要的。自我中心法要求每个受访者根据调查问题的具体内容，报告一份关系人名单，通常需要 5~10 位关系人，并描述他/她与名单上的关系人之间的关系。自我中心法通过把成员最熟悉的关系聚合起来描述整个网络，但可能会漏掉整个网络的某些成员。本章团队成员界限明确，因此采用了社会计量法。

团队网络研究惯例是根据关系内容来定义不同的一维网络，因此本章首先需要定义和分析两种不同的网络关系——工具性关系和表达性关系。团队工具性关系采用建议关系测量，表达性关系采用友谊关系进行测量。在测量时，受访者被提供一份团队成员名单，并被要求在以下两方面为其他团队成员打分：①"在任务过程中，我向该成员寻求建议的频繁程度"；②"在任务期间，您与该成员在个人社交方面沟通的频繁程度"，从 0（不经常）到 5（经常）来打分。关系的构建使用"大于 2"的截止值进行二分，从而处理成 0~1 表示的 4×4 或 5×5 关系矩阵。

然后，根据同一团队中两种关系是否重叠，构建三种网络——工具-表达重叠网络（工具性和表达性关系共存）、单一工具性网络（网络中仅有工具性关系）、单一表达性网络（网络中仅有表达性关系）。

在 UCINET 6.0 中计算三种网络的网络中心度。网络中心度是基于最中心点的中心性与其他中心点的中心性的差异，可以表示为

$$C = \frac{\sum_{i=1}^{n}(C_{\max} - C_i)}{(n-2)(n-1)} \qquad (5.1)$$

其中，C 表示图的中心度；n 表示点的个数；C_i 表示点 i 的中心性；$C_{\max}$ 表示网络中任意点 C_i 中心性的最大值。

2. 信息加工

对于信息加工的测量，学者们根据研究目的和实验方法选择了不同的测量方法，主要包括团队自评和专家打分两种方法。目前适用范围较广的是团队自评，即团队成员根据量表题项对团队过程进行打分。例如，Harvey（2015）衡量个人参与信息加工程度的四项量表；Homan 等（2008）、Penarroja 等（2015）、Kearney 等（2009）的测量强调团队成员信息分享程度、独特信息分享程度和信息利用程度。专家打分则是专家通过观察小组讨论过程进行打分的方法，关注团队行为的组成部分。van Dijk 等（2018）、Meyer 等（2011）、Wang（2015）、Homan 等（2006）将信息加工操作化为团队涉及任务内容的不同层次语言交互行为的数量，通过识别录像中团队交流的层级（如仅陈述、点头、评论、分析、合成信息等）来编码。

基于本章实验设计及理论模型，采用团队自评的方式评估团队信息加工程度。其中 Kearney 等（2009）的信息加工四项量表被众多学者采用，经验证具有良好信效度，因此本章将其作为团队信息加工的测量量表。初始题项共四个，邀请每个受访者根据这些题项对团队过程进行打分，采用 Likert 5 点量表，1 代表"非常不同意"，5 代表"非常同意"，具体题项见表 5.4。

表 5.4　团队信息加工测量

变量	题项编号	题项内容
信息加工	IE1	我们团队公开分享知识以互相补充。
	IE2	我们团队仔细考虑所有的观点，努力产生最佳的任务解决方案。
	IE3	我们团队仔细考虑每个成员提供的独特信息。
	IE4	我们团队产生的想法和解决方案比我自己的想法好。

3. 相似性感知

关于相似性感知的测量，都是通过主观测量的方法，区别在于相似性的范围。相似性感知通过主观评估，即让团队成员评价他们对自己团队的看法获得。Zellmer-Bruhn 等（2008）的研究中相似性感知只包括社会类别相似性和工作风格相似性，前者是团队成员感知到的民族、种族和性别三方面的相似性，后者包括团队工作习惯、互动方式、沟通方式、职业道德和个性方面五个题项。Ferguson 和 Peterson（2015）测量了团队的整体相似性感知，包括对自我和团队成员彼此间整体相似性的评估。

根据本章对相似性感知的定义，本章选择 Ferguson 和 Peterson（2015）的三项量表，要求受访者对自己团队整体的相似性感知作出评价，采用 Likert 5 点打分法，具体题项见表 5.5。

表 5.5　团队相似性感知测量

变量	题项编号	题项内容
相似性感知	SP1	我们团队的成员彼此之间非常相似。
	SP2	我和团队其他成员很相似。
	SP3	我和团队其他成员有很多共同点。

4. 团队绩效

团队绩效可以通过客观测量法和主观测量法获得。在信息系统研究中，常用代码开发长度和错误数量衡量结果绩效。但在 App 设计任务中并未涉及开发部分，因此客观评估的方法不易获取，且评价指标单一。对于主观测量方法而言，组织行为领域的一些研究表明，主观测量是客观绩效的有效预测指标，因此主观评价方法合理可行。因此，本章从团队创造力、效率和满意度三方面测量团队绩效，其中团队创造力采用专家打分，效率及满意度采用团队自评的方式。

1）团队创造力

创造力很难由客观数据的方法获得，主观测量方法分为两类：自我评价法和专家打分法。自我评价法由每位团队成员感知到的创造力在团队层次汇聚得到，通常是取平均值。专家打分法是由团队领导者或专业人员对团队进行评价得到。

为了避免团队成员出于私利从而提高自我评价，专家评价的方法更加客观。

由于团队创造力被定义为一份报告的新颖性和有用性，这意味着新颖但不实用的应用设计不能被认为是创造性的。因此，本实验邀请了三位专家来评估每个团队报告的创造力，评估维度包括新颖性和有用性。针对新颖性，专家根据每组的 App 设计方案，并与市场上竞争产品及其功能进行对比，采用 Likert 7 级打分，其中 1 分表示"一点也不新颖"，7 分表示"非常新颖"。针对有用性，专家根据两个主要目标：产品的商业价值和可行性，对团队报告以 Likert 7 打分。计算新颖性和有用性的平均值作为每个团队的创造力分数。

2）团队效率

由于 App 设计任务的团队效率采用了团队自我评价的方法，参考 Henttonen 等（2014）、Stewart 和 Barrick（2000）的文献，并根据本章实验进行适应性调整。团队每个成员对团队效率方面做出打分，采用 Likert 5 级打分方式，具体测量题项如表 5.6 所示。

表 5.6　团队效率测量

变量	题项编号	题项内容
	TE1	团队总能找到更好的解决方案。
团队效率	TE2	团队能做出好的决策。
	TE3	团队的工作效率高。

3）团队满意度

团队满意度只能通过团队成员评分的方式获得，根据团队成员对团队合作的满意程度来操作。采用 Santos 等（2015）的量表进行调整，受访者被要求根据题项内容，在 1-非常不同意到 5-非常同意的范围内对他们的团队进行打分。具体测量题项如表 5.7 所示。

表 5.7　团队满意度测量

变量	题项编号	题项内容
	TS1	我对团队其他成员感到满意。
团队满意度	TS2	团队的工作氛围很好。
	TS3	团队成员的凝聚力很强。

5. 控制变量

本章控制了几个与团队结果相关的变量。首先，实验使用人口统计信息计算了每个团队的性别多样性，Harrison 和 Klein（2007）发现当性别多样性被定义为分离时，它会促进社会分类，并对团队的凝聚力和身份产生负面影响。其次，团队的潜在视角构成（如知识多样性、行业背景多样性）与个体和群体过程有关，因此本章通过学生名单计算了每个团队的专业多样性。采取 Blau（1964）的异质系数计算团队专业多样性和性别多样性。

5.3.4　小结

本节总结实验方法并进行实验设计，在相关变量测量方法及测量维度文献的基础上，结合 App 设计团队背景设计了测量问卷，并根据专家意见进行修改，形成了最终的调研问卷。团队重叠网络及单一网络由工具性关系和表达性关系的测量计算得到；团队过程包括团队信息加工、团队相似性感知两个变量测量；团队绩效包括团队创造力、团队效率和团队满意度三个变量的测量；控制变量选取团队性别多样性和专业多样性，通过团队基础人口统计学信息获得。因此，本章采取变量计算、团队自评、专家打分的方式，减少同源偏差，从而获取基础数据。

5.4　实证分析

5.4.1　问卷收集情况

本次实验参与学生共计 260 名，被随机分配到 63 个四人或五人团队。其中 1 名学生未完整参与实验，该团队数据被剔除，最终收集到 256 名学生数据，共计 62 个团队，有效问卷回收率达到 98.4%。其中四人团队 54 个，五人团队 8 个；男性 107 名，占比 42%，女性 149 名，占比 58%。样本情况见表 5.8。

表 5.8　样本情况统计

统计项目	统计类型	数据量	数据比例
问卷	参与问卷学生数	260	100%
	有效问卷数量	256	98.5%
性别	女生总数	149	58%
	男生总数	107	42%
专业	管理信息系统专业人数	113	44.1%
	工商管理专业人数	99	38.7%
	物流管理专业人数	38	14.9%
	其他专业人数	6	2.3%
年级	17 级学生数量	81	31.6%
	18 级学生数量	110	43.0%
	19 级学生数量	57	22.3%
	其他年级学生数量	8	3.1%

续表

统计项目	统计类型	数据量	数据比例
	参与问卷填写团队总数	62	100%
团队	4 人小组总数	54	87.1%
	5 人小组总数	8	12.9%

5.4.2　变量检验与分析

1. 共同方法偏差

在收集数据的过程中，如果用同一数据来源或被试者在同一测量环境下填写调研问卷，容易导致共同方法偏差，影响数据结论可靠性。为了尽可能减少共同方法偏差，本书做了相应措施。第一，本章数据选用不同来源和不同获取方式，自变量中重叠网络中心度、工具单一网络中心度和表达单一网络中心度是由团队成员对其他每个成员打分，经过矩阵计算得到；因变量团队创造力采用专家打分法；其余变量团队信息加工、相似度感知、团队效率和团队满意度直接来自问卷测量，可以在一定程度上避免同源偏差的影响。第二，利用 Harman 单因素方法，通过 SPSS 22.0 进行探索性因子分析检验。结果显示，第一公因子解释总方差的36%，低于标准 40%。因此共同方法偏差问题对实验结论影响较小。

2. 问卷信度与效度分析

1）信度分析

信度分析，即内部一致性，指采用同样的方法对同一对象重复测量时所得结果的一致性程度。Cronbach's α 系数更适用于态度量表信度分析，评价量表各题项得分一致。如果 $\alpha > 0.7$，说明信度可以接受。本书采用 Cronbach's α 信度系数来测量信度，以 0.7 作为衡量问卷信度的标准。

组合信度（CR）也是一种内部一致性信度指标，它根据负载计算因子得分。组合信度指标大于 0.7 表明可靠性程度高。本章在 SPSS 22.0 中进行信度分析，包括 Cronbach's α，组合信度和题项-总体相关系数（corrected item-total correlation，CITC），结果见表 5.9。

表 5.9　信度分析

变量	测量项	题项-总体相关系数（CITC）	项已删除的 α 系数	Cronbach's α	CR
	IE1	0.686	0.874		
信息加工	IE2	0.838	0.742	0.870	0.922
	IE3	0.743	0.831		

续表

变量	测量项	题项–总体相关系数（CITC）	项已删除的 α 系数	Cronbach's α	CR
相似性感知	SP1	0.772	0.744		
	SP2	0.695	0.825	0.851	0.945
	SP3	0.715	0.803		
团队效率	TE1	0.569	0.539		
	TE2	0.597	0.507	0.699	0.833
	TE3	0.398	0.743		
团队满意度	TS1	0.816	0.911		
	TS2	0.875	0.852	0.919	0.952
	TS3	0.854	0.882		

本书同时采用题项–总体相关系数（CITC），同一变量中的每一个测量题项与该变量所在总体的相关系数，来考察问卷的结构是否统一。CITC 值低于 0.35 时，考虑将该题项删除。另外，如果"项已删除的 α 系数"值明显高于 Cronbach's α 系数，也可考虑对该题项进行删除。

信息加工的 IE4 题项 CITC 值为 0.35，表现不佳，予以删除，表 5.9 为调整后的结果。相似性感知、团队效率和团队满意度量表的 Cronbach's α 系数和 CR 值符合标准。

2）效度分析

效度即有效性，指题项能够准确测出所需测量事物的有效程度。只有通过 KMO 检验和 Bartlett 球形度检验后，变量才适合做因子分析。当 KMO 值高于 0.5 时，则可以做因子分析。Bartlett 检验结果值应处于显著水平，即其 p 值应小于设定的显著水平 α，表明此题组至少具有一个共同因素，适合做因子分析。

效度检验包括内容效度、聚合效度和区别效度。针对内容效度，本书采用国内外成熟量表，并在专家指导基础上进行适应性修改，因此保证了内容效度良好。

聚合效度衡量题项在多大程度上反映所测量的构念。聚合效度指的是量表与同一变量的其他指标相互关联的程度。检验标准包括以下三个：①每个测量项在其对应潜变量上的荷载系数较高（通常大于 0.7），而与其他变量间的荷载系数值则相对较低；②平均提取方差（AVE），即指标解释潜变量的程度，通常值大于 0.5；③组合信度（CR），即每个潜变量中所有测量项是否一致性地解释该潜变量，通常值大于 0.7。

本书采用探索性因子分析对各变量的聚合效度进行检验，检验结果如表 5.10 和表 5.11 所示。由表可知，信息加工、相似性感知、团队满意度各题项因子载荷均超过 0.7，符合标准，团队效率的第三个题项在其对应变量上的负载为 0.655，可以接受；AVE 值均超过 0.79，符合判断标准；因此各量表聚合效度良好。

表 5.10　聚合效度分析

变量	测量项	因子载荷	KMO	Bartlett 球形值	p 值	AVE
信息加工	IE1	0.858				
	IE2	0.928	0.691	98.059	<0.001	0.893
	IE3	0.892				
相似性感知	SP1	0.915				
	SP2	0.963	0.658	149.650	<0.001	0.923
	SP3	0.890				
团队效率	TE1	0.845				
	TE2	0.859	0.626	36.191	<0.001	0.792
	TE3	0.655				
团队满意度	TS1	0.906				
	TS2	0.942	0.755	139.248	<0.001	0.932
	TS3	0.947				

表 5.11　交叉载荷量

变量	测量项	IE	SP	TE	TS
信息加工	IE1	**0.858**	0.391	0.457	0.426
	IE2	**0.928**	0.267	0.525	0.415
	IE3	**0.892**	0.313	0.580	0.504
相似性感知	SP1	0.352	**0.915**	0.356	0.390
	SP2	0.372	**0.963**	0.339	0.443
	SP3	0.285	**0.890**	0.312	0.513
团队效率	TE1	0.513	0.268	**0.845**	0.337
	TE2	0.523	0.292	**0.859**	0.612
	TE3	0.327	0.319	**0.655**	0.363
团队满意度	TS1	0.402	0.394	0.492	**0.906**
	TS2	0.477	0.380	0.460	**0.942**
	TS3	0.517	0.565	0.591	**0.947**

区别效度指一个变量与其他应该有所不同的变量之间不相互关联的程度。如果每个变量平均提取方差（AVE）的平方根大于该变量与其他变量的相关系数，则判别效度较高。

表 5.12 为模型中各潜变量的相关系数，对角线上的值为该变量的 AVE 平方根。结果表明，所有潜变量平均提取方差（AVE）的平方根远大于该潜变量与其

他变量间的相关系数，因此模型具有较好的区别效度。

表 5.12　区别效度分析

变量	信息加工	相似性感知	团队效率	团队满意度
信息加工	0.893			
相似性感知	0.363	0.923		
团队效率	0.585	0.363	0.792	
团队满意度	0.504	0.489	0.558	0.932

注：对角线为潜变量平均提取方差（AVE）的平方根

3. 组内一致性检验

本章中的变量都是团队层次的变量，其中团队创造力由新颖性和有用性两个维度组成，是由三位专家对每个团队的报告打分获得的，是团队层次的；信息加工、相似性感知、团队效率和团队满意度由问卷获得个人层次的数据，需要聚合到团队层次。本书使用直接共识模型将个体层次的数据汇聚到团队层次。

将个体数据汇聚到团队层次，需要首先评估其是否满足聚合要求，聚合检验包括组内一致性检验（R_{wg}）、组内相关系数 ICC（1）和 ICC（2）。ICC（1）衡量个体打分的差异在多大程度上归因于团队，ICC（2）反映了团队层次均值的稳定性，ICC 没有严格的可接受标准，通常 ICC（1）大于 0.12，ICC（2）大于 0.6；R_{wg} 检验组内一致性，即组内不同个体对同一题项有相同反应的程度，平均 R_{wg} 需要大于 0.7。此外，通过单因素方差分析检验组间差异，p 值显著表示组间差异统计学显著。

研究变量的平均 R_{wg} 为 0.84，表明团队成员之间存在足够的一致性；平均 ICC（1）为 0.22，ICC（2）为 0.45，表明个体评分有足够可靠性；此外变量 p 值显著。所有变量的一致性检验结果见表 5.13。

表 5.13　组内一致性检验

变量	R_{wg}	ICC（1）	ICC（2）	F 值	p 值
信息加工	0.92	0.14	0.25	1.676	0.004
相似性感知	0.83	0.07	0.23	1.296	0.095
团队效率	0.89	0.18	0.47	1.536	0.015
团队满意度	0.91	0.17	0.46	1.867	0.001
新颖性	0.75	0.37	0.71	1.392	<0.001
有用性	0.75	0.37	0.55	1.678	<0.001

4. 描述性统计与相关性分析

1）描述性统计

本章理论模型共包含 10 个变量，分别为重叠网络中心度、工具单一网络中心度、表达单一网络中心度、信息加工、相似性感知、团队创造力、团队效率、团队满意度、性别多样性和专业多样性，各变量的描述性统计分析见表 5.14。

表 5.14 变量描述性统计

变量	样本量	极大值	极小值	均值	标准差
性别多样性	62	0.67	0.00	0.52	0.19
专业多样性	62	0.83	0.00	0.28	0.30
重叠网络中心度	62	1.00	0.00	0.42	0.29
工具单一网络中心度	62	1.00	0.00	0.40	0.32
表达单一网络中心度	62	1.00	0.00	0.22	0.29
信息加工	62	5.00	3.50	4.42	0.36
相似性感知	62	3.91	1.99	2.68	0.46
团队创造力	62	6.83	2.17	4.10	1.14
团队效率	62	4.75	3.18	4.01	0.37
团队满意度	62	5.00	3.08	4.40	0.44

2）相关性分析

通过相关性分析可以初步考察变量之间是否存在相互影响，为假设检验提供基础。表 5.15 为模型中各变量的相关系数，对角线上的值为该变量的 AVE 平方根。初步发现，重叠网络中心度和信息加工、相似性感知相关系数显著，工具单一网络中心度和信息加工相关系数显著，相似性感知、信息加工和团队创造力、团队效率、团队满意度相关系数显著，初步支持本章的研究结论。

表 5.15 变量相关系数表

变量	1	2	3	4	5	6	7	8	9	10
性别多样性	—									
专业多样性	−0.21	—								
重叠网络中心度	−0.11	0.25*	—							
工具单一网络中心度	0.06	0.05	0.16	—						
表达单一网络中心度	−0.10	0.05	0.11	0.10	—					
信息加工	−0.15	−0.14	−0.28*	0.29*	−0.13	0.89				

续表

变量	1	2	3	4	5	6	7	8	9	10
相似性感知	−0.01	−0.37**	−0.42**	−0.05	−0.11	0.36**	0.92			
团队创造力	−0.28*	0.10	0.06	0.16	0.04	0.39**	−0.13	0.06		
团队效率	−0.19	−0.13	−0.26*	0.24	−0.07	0.59**	0.36**	0.20	0.79	
团队满意度	0.05	−0.29*	−0.24	0.10	−0.15	0.50**	0.48**	0.05	0.55**	0.93

注：1）$N=62$；2）双尾检验，$*p < 0.05$，$**p < 0.01$；3）对角线上的数值为 AVE 平方根

此外，为了检验多重共线性对研究的威胁，本章计算了方差膨胀因子（VIF）。本章中变量之间的 VIF 值介于 1.013~1.152，低于可接受水平 10。

5.4.3　假设检验

1. 主效应检验

本章运用 SPSS 22.0 软件，通过对团队层次的变量进行逐步回归来验证模型主效应，数据结果如表 5.16~表 5.19 所示。表 5.16 检验了自变量对团队过程的作用，即重叠网络中心度、工具单一网络中心度和表达单一网络中心度对团队信息加工和相似性感知的作用。步骤 1 加入控制变量即性别多样性和专业多样性，检验其对信息加工的影响。步骤 2 以步骤 1 为基础，加入了网络构型，即重叠网络中心度、工具单一网络中心度和表达单一网络中心度，步骤 2 是显著的，证明加入自变量是合理的（$\Delta R^2 = 20\%$，$\Delta F = 7.38$，$p < 0.001$）。本章 H5.1 假设重叠网络中心度对信息加工存在负面影响，结果如模型 1 步骤 2 所示，重叠网络中心度对信息加工存在显著的消极作用（$\beta = -0.41$，$p < 0.01$）。H5.3 假设工具单一网络中心度对信息加工存在积极影响，结果如模型 1 所示，工具单一网络中心度对信息加工的积极作用显著（$\beta = 0.40$，$p < 0.01$）。

表 5.16　网络中心度与团队过程回归结果

研究变量	模型 1：信息加工		模型 2：相似性感知	
	步骤 1	步骤 2	步骤 1	步骤 2
性别多样性	−0.37	−0.46**	−0.22	−0.29
专业多样性	−0.22	−0.15	−0.60**	−0.47*
重叠网络中心度		−0.41**		−0.55**
工具单一网络中心度		0.40**		—
表达单一网络中心度		—		−0.11
R^2	0.05	0.25	0.15	0.22
ΔR^2	—	0.20	—	0.12
F	1.69**	4.72**	5.04**	5.23***
ΔF	—	7.38***	—	4.78*

注：1）$N=62$；2）表中为非标准化回归系数，$*p<0.05$，$**p<0.01$，$***p<0.001$

团队相似性感知的回归模型也遵循相同的步骤，表 5.16 模型 2 步骤 2 展示了网络中心度和相似性感知的回归结果，当加入自变量时，模型显著（$\Delta R^2 = 12\%$，$\Delta F = 4.78$，$p < 0.05$）。H5.2 提出重叠网络中心度对相似性感知有消极作用，假设得到了支持（$\beta = -0.55$，$p < 0.01$）。H5.4 提出表达单一网络中心度负向影响相似性感知，假设没有被支持（$\beta = -0.11$，$p > 0.1$）。

表 5.17 ~ 表 5.19 描述了网络中心度和团队过程对团队绩效的作用，即重叠网络中心度、工具单一网络中心度和表达单一网络中心度、信息加工、相似性感知对团队创造力、团队效率和团队满意度的作用。模型 3 中的步骤 1 探究了控制变量对团队创造力的主要作用；步骤 2 以步骤 1 为基础增加了自变量，探究了网络中心度对团队创造力的主要作用；步骤 3 以步骤 2 为基础增加了团队过程变量，模型增量方差显著，证明团队过程的引入具备合理性（$\Delta R^2 = 17\%$，$\Delta F = 6.40$，$p < 0.01$）。H5.5 提出信息加工对团队创造力存在显著积极作用，得到了支持（$\beta = 1.49$，$p < 0.001$）。H5.8 提出相似性感知对团队创造力存在显著消极作用，模型 3 步骤 3 结果表明该假设得到了支持（$\beta = -0.67$，$p < 0.05$）。

表 5.17　网络中心度与团队创造力回归结果

研究变量	模型 3：团队创造力		
	步骤 1	步骤 2	步骤 3
性别多样性	-1.65^*	-1.73^*	-1.20
专业多样性	0.17	0.14	0.05
重叠网络中心度		-0.04	0.17
工具单一网络中心度		-0.63	0.03
表达单一网络中心度		-0.03	0.19
信息加工			1.49^{***}
相似性感知			-0.67^*
R^2	0.08	0.11	0.28
ΔR^2	—	0.03	0.17
F	2.55	1.39	3.01^{**}
ΔF	—	0.64	6.40^{**}

注：1）N=62；2）表中为非标准化回归系数，*p<0.05，**p<0.01，***p<0.001

H5.6 和 H5.9 分别假设信息加工和相似性感知有利于团队效率。表 5.18 模型 4 中的步骤 1 包含了控制变量的主要作用，步骤 2 在此基础上加入了网络中心度，当步骤 3 中加入两个过程变量时，产生的增量方差显著（$\Delta R^2 = 17\%$，$\Delta F = 7.93$，$p < 0.01$）。如模型 4 步骤 3 所示，信息加工对团队效率的影响是正向且显著的（$\beta = 0.43$，$p < 0.01$），因此 H5.6 得到了支持。然而，相似性感知对团队效率的正向作用不显著（$\beta = 0.13$，$p = 0.17$），H5.9 不被支持。

表 5.18　网络中心度与团队效率回归结果

研究变量	模型 4：团队效率		
	步骤 1	步骤 2	步骤 3
性别多样性	-0.44^{+}	-0.54^{*}	-0.30
专业多样性	-0.22	-0.15	-0.03
重叠网络中心度		-0.39	-0.14
工具单一网络中心度		0.37^{*}	0.18
表达单一网络中心度		-0.12^{**}	-0.02
信息加工			0.43^{**}
相似性感知			0.13
R^2	0.07	0.23	0.41
ΔR^2	—	0.17	0.17
F	2.06	3.39^{*}	5.28^{***}
ΔF	—	4.06^{*}	7.93^{**}

注：1）$N=62$；2）表中为非标准化回归系数，$+p<0.1$，$*p<0.05$，$**p<0.01$，$***p<0.001$

H5.7 和 H5.10 分别预测信息加工和相似性感知有利于团队满意度。当表 5.19 模型 5 步骤 3 增加两个过程变量时，增量方差显著（$\Delta R^2= 24\%$，$\Delta F =10.28$，$p<0.001$）。如模型 5 步骤 3 所示，信息加工对团队满意度的影响是正向且显著的（$\beta=0.48$，$p<0.01$），相似感知对团队满意度也有显著的正向影响（$\beta=0.31$，$p<0.01$）。因此，H5.7 和 H5.10 都得到了支持。

表 5.19　网络中心度与团队满意度回归结果

研究变量	模型 5：团队满意度		
	步骤 1	步骤 2	步骤 3
性别多样性	-0.01	-0.10^{*}	0.23
专业多样性	-0.42^{*}	-0.36^{+}	-0.15
重叠网络中心度		-0.29	-0.07
工具单一网络中心度		0.22	0.01
表达单一网络中心度		-0.21	-0.08
信息加工			0.48^{**}
相似性感知			0.31^{**}
R^2	0.08	0.15	0.38
ΔR^2	—	0.07	0.24
F	2.56	1.96	4.80^{***}
ΔF	—	1.51	10.28^{***}

注：1）$N=62$；2）表中为非标准化回归系数，$+p<0.1$，$*p<0.05$，$**p<0.01$，$***p<0.001$

2. 中介效应检验

本章通过 Bootstrap 方法对网络中心度到团队绩效的中介作用进行了检验。例如，以重叠网络中心度为自变量，以团队创造力为因变量，在同时添加两个中介即团队信息加工和相似性感知后运行模型，将因变量替换为团队效率和满意度之后再次运行模型。重叠网络中心度通过信息加工对团队创造力产生负向影响（β=-0.559，95% CI [-1.294，-0.131]），通过相似性感知对团队创造力产生正向影响（β=0.457，95% CI [0.067，1.168]）。重叠网络中心度通过信息加工对团队效率的间接影响显著（β=-0.181，95% CI [-0.379，-0.040]），但重叠网络通过相似性感知对团队效率的中介作用未能通过 Bootstrap 分析（β=-0.082，95% CI [-0.236，0.021]）。重叠网络中心度通过信息加工和相似性感知对团队满意度的负向中介作用显著（通过信息加工 β=-0.161，95% CI [-0.413，-0.024]；通过相似性感知，β=-0.224，95% CI [-0.444，-0.091]）。中介效应检验结果如表 5.20 所示。

表 5.20　中介效应检验

模型路径	间接效应 [95%CI]
重叠网络中心度 → 信息加工 → 团队创造力	-0.559 [-1.294，-0.131]
重叠网络中心度 → 相似性感知 →团队创造力	0.457 [0.067，1.168]
重叠网络中心度 → 信息加工 → 团队效率	-0.181 [-0.379，-0.040]
重叠网络中心度 → 相似性感知 →团队效率	-0.082 [-0.236，0.021]
重叠网络中心度 → 信息加工→ 团队满意度	-0.161 [-0.413，-0.024]
重叠网络中心度 → 相似性感知 → 团队满意度	-0.224 [-0.444，-0.091]
工具单一网络中心度 → 信息加工 → 团队创造力	0.381 [0.016，1.065]
工具单一网络中心度 → 信息加工 → 团队效率	0.185 [0.018，0.441]
工具单一网络中心度 → 信息加工 → 团队满意度	0.204 [0.024，0.492]

3. 假设结果汇总

通过对提出的假设进行逐步回归得到本章的假设检验结果。

本章共提出了 10 条假设，除 H5.4 和 H5.9 未得到数据支持以外，其余假设均成立。本章假设检验结果如表 5.21 所示。

表 5.21　假设检验结果汇总

假设	假设内容	假设结果
H5.1	工具–表达重叠网络中心度负向影响团队信息加工	成立
H5.2	工具–表达重叠网络中心度负向影响团队相似性感知	成立
H5.3	工具单一网络中心度正向影响团队信息加工	成立
H5.4	表达单一网络中心度负向影响团队相似性感知	不成立
H5.5	团队信息加工正向影响团队创造力	成立
H5.6	团队信息加工正向影响团队效率	成立
H5.7	团队信息加工正向影响团队满意度	成立
H5.8	团队相似性感知负向影响团队创造力	成立
H5.9	团队相似性感知正向影响团队效率	不成立
H5.10	团队相似性感知正向影响团队满意度	成立

5.5　实证结果讨论

5.5.1　网络构型作用结果

团队中工具–表达重叠关系是指两个个体间工具性和表达性关系捆绑,这些重叠关系的集合在团队层次上表现出特定的结构,本章实证研究了团队中不同网络(工具–表达重叠网络、工具单一网络、表达单一网络)的网络构型与团队过程(信息加工、相似性感知)的关系。实证分析结果表明,H5.1、H5.2、H5.3 成立,H5.4 未得到数据支持,即团队工具–表达重叠网络中心度对团队信息加工和相似性感知存在负面作用,工具单一网络中心度对团队信息加工存在正向影响,而表达单一网络中心度和团队相似性感知之间负向作用不显著。

1)重叠网络构型对信息加工的作用

当重叠网络中心度较高时对团队信息加工存在负面影响。具体而言,重叠关系意味着两个个体间存在任务流程上的沟通,同时具备情感上的联系,这种重叠关系是双重性质的,或者说,两种关系产生了叠加效应。出于感知心理安全,个体更愿意跟同是朋友的同事分享信息,尤其是经过高度内化而更有价值的隐性知识,而不用担心这些关键信息被他人利用,又可以在朋友面前树立积极友善的良好形象,促进互惠行为。因此重叠网络是大量信息和知识的良好载体,尤其是隐性知识,这在以创新为特征的 App 设计任务中至关重要。当重叠网络中心度较高时,团队存在信息控制中心,表现在团队层次上为集权的组织形式,中心节点信息负载较大,使得难以编码的隐性知识在传递和吸收过程中更可能发生缺失、遗漏、误解、扭曲等,不利于其分享与吸收。相反在高度信任的关系水平和良好的情感氛围下,团队成员对隐性知识的分享动机较强。对于隐性知识,其不易加工和书面化，更强调通过与知识直接拥有者进行接触和交流，从而将隐性知识内化，与个人原有知识体系相结合，创造出新颖的解决方案。当团队重叠网络中心度较低时，团队结构趋于分散，这种灵活的组织形式下，隐性知识在传递路径上内耗较小，对团队合作更有利。

2）重叠网络构型对相似性感知的作用

当重叠网络中心度较高时对团队相似性感知存在负面影响。网络结构不仅与知识整合相关，同时与团队的社会融合过程有关。尽管不同专长、不同个性的个体被划分成一个团队，共同完成 App 设计任务，但这些个体能否组建成一个融洽的集体，受到团队结构的影响。当团队成员表层属性，如性别、年龄、种族等浅层次特征，存在较大差异时，团队容易形成子组，不利于团队整体凝聚力，进而使团队合作受到阻碍；同时团队基于浅层次特征差异，推断更深层次的个性、价值观等差异，在未深入了解之前容易先形成刻板印象，进而使团队内部信息沟通不畅和大量资源被浪费。团队重叠网络中成员之间既基于自发形成的情感和社会关系，又基于任务分配和知识流程的与任务相关的正式或非正式关系，当这种重叠关系被组织为分散结构对团队社会融合更有利。一方面，通过分散式的任务分配与知识流程，团队有机会在完成工作的同时深入了解彼此，频繁的沟通和交流有助于减弱刻板印象和偏见；另一方面，分散的结构配置与集中式结构相比，团队外围成员参与团队管理的积极性得到提升，可以通过彼此鼓励和相互支持，形成一个具有凝聚力的整体。因此，分散的重叠网络中，社会分类过程未被激活，团队对整体更认可，感觉更相似。

3）工具单一网络对信息加工的作用

对于团队中的工具单一网络而言，集中式配置更优。较多文献研究团队中工具性网络对团队过程及绩效的影响，结论存在矛盾之处。例如，Kudaravalli 等（2017）的研究发现针对设计协作网络，分散式结构有利于团队协调成功；薛捷（2015）也认为高度集中降低内部对知识和判断的分享意愿，阻碍了组织内知识转移；Colazo（2010）的结果表明集中化的结构中团队需要使用间接路径沟通，对软件产品开发质量不利；Nan 和 Kumar（2013）的研究也表明随着相互依赖的增加，集中式协作结构在识别和巩固专业知识方面变得更加重要。这些研究的观点分两类，一类认为集中化团队中，中心个体在识别和巩固团队专长等方面占据优势，可以降低协调成本；一类认为集中化团队中心节点信息负载过大，使用间接路径增加信息衰减或失真风险，同时边缘个体缺乏自主性，不利于团队成功。由于一维网络划分方式，工具性关系和表达性关系的分割方式存在一定不合理性，二维重叠网络和单一网络的划分有助于厘清不同关系的区别，对于解决工具性关系和团队绩效的矛盾关系有所帮助。相比重叠网络，单路网络显性知识较多，如 App 设计团队公共文档、阶段性成果、工具等，一方面，集中式的结构对中心节点压力较小，显性知识解读容易且发生信息扭曲的概率低；另一方面，由中心节点总揽全局，负责管理团队信息库，可以降低协调和维护成本。由此集中式的结构相比分散式结构而言，在中心节点的协调下，分享、交换、整合信息更容易，从而集中的工具单一网络有利于团队信息加工。

4）表达单一网络构型对团队相似性感知的作用

本章的 H5.4 未得到支持，原因可能有以下几点。第一，在以任务为中心的团队中，与个人兴趣及爱好相关的情感交流较少，更多的是在团队任务过程中产生的与工作相关的情感。在任务中，由于个体目标不一致，在知识分享时，会产生积极或消极的情感；双方感知到彼此积极或消极的情感，会根据情感感知对知识进行分割，形成知识分工；每个成员形成了不同的个人相关知识和任务目标，形成了团队层次的身份认同等情感。因此团队情感由任务过程而产生，单纯的朋友间情感交互较少，网络结构对团队感知的作用不突出。第二，许多研究表明整体网络的结构往往与知识创造、转移和应用相关，而团队中私人人际关系更倾向形成自我中心网络，可能与个体收益更相关，因此整个团队的表达网络与团队过程直接关系较小。

5.5.2　团队过程作用结果

本章中的团队过程包括团队信息加工和相似性感知，分别来自信息处理视角和社会分类视角。社会分类和信息处理视角是团队研究常涉及的理论基础，分别关注团队社会和信息过程，可能在团队网络作用中起到同样效果。实证分析结果表明，H5.5、H5.6、H5.7、H5.8、H5.10 成立，H5.9 未得到数据支持，即团队信息加工正向影响团队创造力、团队效率和团队满意度，团队相似性感知负向影响团队创造力，正向影响团队满意度，而相似性感知和团队效率之间积极作用不显著。

1）团队信息加工对团队绩效的作用

以往信息加工相关研究主要关注信息加工与任务相关结果的关系，如创新绩效、决策质量和整体团队绩效等，随后部分研究呼吁应当关注团队成员的情感结果。研究发现，信息加工不仅与团队任务驱动的绩效，即团队创造力和团队效率相关，也与团队关系驱动的绩效，即团队满意度相关。信息加工是深入的信息处理过程，涉及团队成员间与任务相关的信息、知识和思想的交换、讨论和整合等关键环节，超出了简单的信息分享和沟通。深入的信息交换及分享意愿和行为程度越高，不同类型的团队知识和信息被联结和碰撞，有助于改善知识结构和刺激创新思维产生；同时通过对团队关键信息及知识进行讨论和推敲，对团队任务有更深层次更准确的理解，从而更好地将知识进行利用、融合和决策，对创新结果产生有利影响。

信息加工越强，团队便能充分调动与利用组织资源，如充分利用团队知识、协调团队努力，从而提高团队效率。此外，并非所有结果都以任务为中心，评估团队绩效还包括团队当前的满意度，与情感反应有关，因此研究信息加工对团队满意度的影响是有一定意义的。当团队深入共享信息时，成员感到自己的意见被倾听和被充分考虑，从而与任务目标相结合，形成积极互动和公平互动氛围，继而所有成员会对团队更加满意。

2）团队相似性感知对团队绩效的作用

团队相似性感知是相似-吸引理论和社会分类过程中常涉及的变量,由于团队成员存在知识差异、性格差异、种族性别等人口统计学特征差异，在形成团队及团队合作过程中往往要进行团队融合过程，进而形成团队对整体的感知，这种社会感知会对团队绩效产生影响。本书发现，相似性感知对团队创造力产生消极影响，对团队满意度产生积极影响，而相似性感知与团队效率作用不显著。早有研究表明，对于需要创新的团队任务，社会类别相似和深层相似感知较强时，对团队合作氛围的维护力度更大，团队会尽量避免冲突，然而意见分歧对原创性思维刺激与产生非常重要，因此过于相似的团队反而对创新不利。相反，如果团队付出时间精力去维护彼此之间的关系，做出措施改良团队合作氛围，成员对团队满意程度更高。

本书中相似性感知与团队效率之间关系不显著。App 设计团队效率是指研发速度及尽可能利用和处理团队信息和资源的能力。以往研究发现团队若能够明确现有资源及其限制，从而制订计划并积极控制与监督，审视环境并迅速采取措施从而应对变化，即可提升研发速度；另外，团队若能充分利用成员专业知识，综合意见和建议，就能以最快的速度找到合适的解决问题的方法，从而提高团队效率。前者涉及的变量包括团队反思、团队合作、团队控制等，后者包括信息加工、知识分享等,因此与团队效率最相关的因素是与团队任务认知和行为相关的过程，而可能团队相似性起到的作用非常小。例如，Liu 和 Cross（2016）的研究发现对于团队效率而言，目标清晰度、团队合作均具有显著效果，而职能多样性略微显著，团队凝聚力作用不显著。

5.5.3　中介作用结果

本章以网络中心度为自变量，以团队绩效为因变量，包括团队创造力、团队效率和团队满意度，以团队信息加工和相似性感知作为中介进行了检验，检验结果表明，信息加工在单一工具网络、重叠网络中心度和团队创造力、效率、满意度之间起到中介作用，相似性感知在重叠网络中心度和团队创造力、团队满意度之间起到中介作用。一方面，这说明网络结构通过影响团队信息过程对团队绩效起到作用，这强调信息的分布结构及团队交互结构影响团队成员寻求任务建议、搜索集体知识、整合和利用团队专长，从而有助于创造性地解决问题，并提高团队满意程度和未来合作意愿。另一方面，网络结构影响的不只是直接与任务相关的过程，也通过影响团队社会分类和融合过程对团队绩效起作用。团队交互中任务信息和情感信息的结构，影响团队成员之间对于彼此差异的感知及对差异的看法，与团队刻板印象和偏见、团队信任、团队协调配合相关，继而影响到团队完成任务和团队态度。

5.5.4　小结

具体而言，首先，本章对实验样本和问卷收集情况进行了介绍；其次，对团队信息加工、相似性感知、团队效率和团队满意度等研究变量的测量工具进行了信效度检验，并对变量数据进行聚合检验；然后用 SPSS 22.0 通过逐步回归和 Bootstrap 方法，进行理论模型和研究假设的检验，结果表明：团队重叠网络中心度不利于信息加工和相似性感知、工具单一网络中心度对信息加工有积极影响，信息加工积极影响团队创造力、效率和满意度，相似性感知不利于团队创造力但对团队满意度积极作用显著；最后，本章对假设检验结果进行了讨论，并分析了表达单一网络对相似性感知、相似性感知对团队效率作用不成立的可能原因。研究结果丰富了信息系统领域团队网络构型对团队绩效影响作用的研究。

5.6　结论与展望

5.6.1　研究结论

尽管已有大量研究表明，团队绩效是团队网络的函数，但对于多元网络对团队创造力和效率的影响尚待研究。App 设计是典型的知识型密集型任务，当项目团队面临新业务和新环境时，为了获取任务相关的专业知识，如应用领域相关的知识、系统设计知识、系统架构知识等，团队基于知识分工来合作构思设计方案，因此不同个体间通过知识沟通形成工具性关系。然而 App 设计任务同时是非结构化的，创新输出需要良好的工作氛围促进，因此也需要对团队成员的情感关系或表达性关系进行研究。当团队的工具性关系与表达性关系捆绑存在时，与单一的工具性关系和表达性关系在传递信息的本质上存在差异，因此如何优化不同类型关系的结构对提升团队绩效有重要意义。

本章建立了一个理论模型来解释团队网络构型对 App 设计团队绩效的促进或

阻碍作用。鉴于团队网络的复杂性和异质性，本书基于团队在任务和情感关系上是否存在重叠，将网络分为三种类型：工具–表达重叠网络、工具单一网络和表达单一网络。以 App 设计团队为研究样本，以工具–表达重叠网络、工具单一网络和表达单一网络中心度为自变量，以团队创造力、团队效率和团队满意度为因变量，并通过引入信息加工和相似性感知两个中介变量构建了本章的理论模型。

　　研究以某高校管理信息系统课程的学生为样本，进行 App 设计实验，并收集相关变量问卷，最终获得 62 个团队 256 份有效问卷，并进行数据检验和实证分析。针对网络构型和团队过程，结果表明，重叠网络的中心度对信息加工和相似性感知有负面影响，而工具单一网络中心度有利于信息加工。对于团队过程与绩效的关系，研究结果表明，与任务相关的过程，即信息加工，能够促进团队创造力、效率和满意度；相似性感知，即团队社会相关过程，有利于提升团队满意度，但抑制团队创造力。

　　以上研究结论揭示了团队重叠及单一网络结构与团队绩效间的关系，并揭示了团队网络构型对团队绩效的作用机制，不仅丰富了信息系统领域网络构型与重叠网络相关的理论研究，也为团队设计和团队过程干预提供了管理参考。

5.6.2　研究贡献

1. 理论贡献

　　本章主要关注软件开发中的 App 设计团队。一方面，随着技术和时代的发展，App 设计对创新有更高要求。软件开发本质上是一个创造性的过程，它需要新的有用的解决方案面对抽象业务问题，同时在知识密集型产业中，创造力是组织有效性和竞争优势的关键，尤其是一款 App 设计输出结果的创造性决定了它能否在激烈的竞争中生存下来。另一方面，由于移动应用的特殊性，开发周期越来越短，需要更频繁的软件更新。由于创新趋势和开发速度的挑战，App 设计受到了空前关注，找出影响 App 设计团队创造力和有效性的关键因素具有重要的理论意义。

　　第一，本章强调工具性网络和表达性网络在 App 设计团队中的协同效应，考虑成员关系的非均质性，一定程度上拓展了信息系统开发领域网络构型相关理论。大多数软件开发项目需要协同工作，在协作过程中，团队成员资源分布或交互模式会对项目成功产生重大影响。许多信息系统研究和实践基于社会技术观点，目前对信息系统项目的技术层面及其问题改进进行了广泛讨论，但对社会因素的控制和管理机制尚不明确。本章的理论框架从团队内部网络的角度出发同时考虑了任务合作和情感交流两方面的团队网络，即软件项目对团队内部网络的评估和构建，不仅要从成员的技术技能和经验出发，还要考虑成员之间的人际关系。采用构型理论更符合现实复杂的团队交互，是对信息系统领域社会网络基于信息及认知观点的补充，一定程度上拓展了团队网络相关理论。

第二，本章基于重叠网络视角研究了重叠和单一网络对团队绩效的作用，为软件开发领域提供新的视角，同时重叠网络构型的研究成果也丰富了重叠网络理论，回应了重叠网络构型方面研究的呼吁。项目成员的社交技能在成功的软件开发中扮演着重要角色，特别是，当成员之间存在密切关系时，可能会获得额外的高质量知识，如隐含的设计和开发规则、标准和经验。也就是说，工具关系和表达关系的共存以一种协同的方式使其获取资源比软件开发团队中纯粹基于信息的关系或基于友谊的关系更丰富和更有价值。因此，在研究软件开发项目或 App 设计项目中团队网络对团队绩效的影响时，需要考虑这种关系复杂性，即多重网络的存在。本章的研究结果也支持了这一观点，即单一网络的中心度和重叠网络的中心度对 App 设计中信息加工过程的作用不同：重叠网络的中心度通过分散信息且减少信息失真提高团队绩效，工具单一网络集中化结构下增强全局知识控制有利于提高绩效。因此，在信息系统领域引入重叠网络，为软件开发研究提供了新的切入点，为管理者如何设计团队网络结构并有效协调成员合作提供了理论参考。

第三，本章拓展了团队网络构型和团队绩效关系间中介机制的研究，揭开了网络构型对团队绩效影响的黑箱。大多数软件开发项目基于团队的组织形式，将个人的专业知识进行连接，但很少有文献探讨软件开发团队的专业知识如何通过网络结构转变为创造性过程的中介机制。本章从信息处理和社会分类视角引入信息加工和相似性感知，探讨团队重叠网络如何通过不同方面的过程影响软件开发团队的绩效，特别是以创新为导向的项目绩效，从而揭开软件开发协调过程的黑箱。研究结果表明，重叠网络结构可以通过促进丰富的信息交换和组合从而与团队创造力相关联，也会由于相似群体的思维模式趋同，不愿表达思想，从而抑制更有创造性的解决方案出现。因此通过明确网络构型，将信息加工和相似性感知作为中介变量，揭示了网络构型作用的内在机理，可以更全面地理解 App 设计及软件开发团队成功或失败的原因。

2. 实践贡献

本书可以帮助管理者理解如何使用网络结构来解决协作问题，以及在任务完成过程中是否采用限制友谊或促进友谊的指导政策，以提高软件开发团队绩效。第一，研究结果表明 App 设计团队中工具单一网络集中构型有利于显性知识的传递和管理，如需求文档和设计规范等，因此集中的结构更优。因此，组织有必要在领导者和所有成员之间提供一个正式的沟通渠道，鼓励领导者发挥积极的管理作用。第二，结果表明分散的重叠网络有利于信息加工和相似性感知，因此公司可以建立技术社区，促进团队成员之间自由交流，如鼓励和奖励成员分享技术、推广集思广益解决设计和技术问题。同时公司应该提供建立友谊和实现彼此价值的渠道，当同事们成为朋友，更密切更深刻的沟通和更强的社会包容才有可能建立。因此，本书对重叠网络和单一网络的研究为管理 App 设计团队的网络配置提供了方法和途径，有利于团队网络的建立和完善。

另外，对于 App 设计团队不同的团队目标，如团队创造力、效率和满意度，管理者应采取不同的干预过程。在 App 设计中同一过程对不同维度绩效的影响是不同的。研究表明，信息加工对团队创造力具有正向影响，而相似性感知对团队创造力具有负向影响。因此如果团队的首要目标是在复杂和动态的环境中保持竞争优势，需要不断提高团队创造力以开发新奇的应用程序。组织应鼓励思想的自由表达，建立技术知识共享奖励制度，促进成员心理安全。与此同时，团队需要关注任意一个关于设计或技术解决方案的细微分歧，而不是让维持社会关系占据主导地位。如果 App 设计团队的首要目标是提高团队效率，即以最少的资源和人力投入获得预期的 App 设计和开发解决方案，那么团队管理的关键是提升团队成员之间的信息交流和讨论，在这种情况下，对团队内部差异和共性的认识并不重要。如果构建一个令成员满意的团队是 App 设计团队的首要目标，那么管理者最应该改进信息加工，同时构建一个和谐、令人满意的团队氛围。对于团队信息和社会过程在团队绩效的作用研究，有助于解释软件开发团队成功的原因，从而为提升团队绩效实践提供一些有价值的见解。

5.6.3　研究不足与展望

本章从 App 设计团队网络重叠现象出发，基于结构—过程—绩效框架，深入剖析团队网络结构对团队绩效的作用，并引入信息加工和相似性感知作为中介探讨重叠网络中心度、单一工具网络和单一表达网络中心度对团队创造力、效率和满意度的影响机制。研究丰富了信息系统开发领域团队网络的相关研究，具有一定的理论价值和实践意义。但本书仍存在一定局限性，有待后续研究进一步完善。

第一，本章的研究结论存在普适性问题。首先，本章的样本来自学生团队，缺乏外部效度，导致结论可能产生普适性问题。然而，一些研究认为从学生样本获得的结果和从企业团队获得的结果相似。同时，某些组织变量如激励和制度，对团队过程有潜在的影响，采用学生团队进行实验可以减少这些外部因素对结论的干扰。本章通过任务的设计与安排，使学生承担 App 设计专业人员的角色，以减少干扰。未来研究应当在多种环境下检验结果，尤其是用真实的企业项目团队，以验证结果普适性。

第二，实验的文化环境也会对研究结论普适性产生影响。本实验是在中国的某所大学开展的，集体主义文化氛围浓厚，注重团队内部的情感维系，因而表达网络对团队的重要性不言而喻。尽管国外研究也发现在个人主义为主的西方文化氛围下，成员存在情感需求，表达性网络同等重要，但研究结论需要在不同的文化背景下实施，以进一步验证结论有效性。

第三，本章选择小型团队进行实验，可能对研究结论普适性存在影响。团队规模可能对团队网络和团队绩效存在影响，本章将团队规模设置成 4~5 人团队，和现实小型创业团队规模相匹配，具备一定的合理性。但对于上市企业等大型规模团队而言，网络更加复杂，需要扩大团队规模进行进一步验证。

第四，研究采用横截面数据进行假设验证，可能影响模型的因果解释力。尽管本章根据结构—过程—绩效框架，假设团队结构导致团队过程的因果顺序。然而，网络结构可能不断演变和变化，并与团队过程相互促进相互影响。因此后续研究需要设计纵向实验，在不同时间节点上收集数据，进一步加强因果推论。

第五，网络测量方法存在局限性。团队网络分类众多，测量维度也各不相同，因此学者对团队网络的研究结果存在差异。本章的重叠网络是在工具性和表达性网络的分类基础上构建的，分别采用最典型的建议关系和友谊关系来操作化，具备一定典型性。正如 Park 等（2020）构建重叠网络采用了工作流关系和冲突关系，未来的研究可以使用更多的分类和测量方式进行验证。

第6章　团队信任、交互记忆对团队绩效的影响研究

第五章提到 App 设计团队网络构型对绩效的影响，本章以交互记忆系统理论为主要理论基础，以团队信任为自变量、交互记忆系统为中介变量、社交关系网络集中度为调节变量、团队绩效为因变量，通过探究 App 设计团队交互记忆系统的形成机制与作用机制，揭示 App 设计团队的认知协作机制。

6.1　研究综述

6.1.1　团队信任研究综述

1. 团队信任的概念

随着信息化组织的结构形式逐步向扁平化、团队中心化转变，对于团队层面信任，即团队信任的研究得到了越来越多学者的关注。关于团队信任的定义，多数研究选择从个人层面概念出发对信任在团队层面上进行定义。例如，Breuer 等（2020）根据 Mayer 等（1995）对于个人层面信任的定义，将团队信任定义为团队成员基于对他人行动的共同积极期望，而愿意对其他成员的行动接受自身脆弱性，不管是否有能力监控其他团队成员。Fulmer 和 Gelfand（2012）同样从个人信任的定义出发，将团队信任定义为团队成员之间的一种共同心理状态，这种心理状态包括愿意接受基于对他人行动积极期望的脆弱性。上述关于团队信任的定义体现出信任内涵中的两个关键要素，即对于他人动机和行为的积极期望及接受脆弱性的意愿，这两个关键要素同样也体现在个人层面的信任定义当中。具体来说，对于他人动机和行为的积极期望是指信任方认为被信任方是可靠的，没有损害信任方利益的动机，接受脆弱性的意愿是指信任方愿意将自身弱势信息提供给被信任方，并承受相应的风险或者停止对于不确定性的担忧。与个人层面信任定义不同的是，团队信任是个人信任在更高组织水平上的涌现，是一种团队成员共

享的总体氛围，在这种氛围中，团队成员能够更好地去识别其他人所担当的职能角色，预测他人的行为并减少团队内部的不确定性。对于团队信任的直接定义，Langfred（2007）则直接从团队视角给出团队信任的定义，即团队信任是指团队成员对其他队员信任的总体水平。在国内的相关研究中，黄昱方和吴菲（2019）从认知角度出发，将团队信任直接定义为团队成员对于他人能力、可靠性等方面的信任。

从以上国内外学者对于团队信任的定义可以看出，团队信任的内涵并不仅仅局限于团队成员对于团队内其他具有亲密关系成员的信任，而是团队内所有成员整体的心理感知，这种信任来自每位成员对于其他成员信任感知的共同涌现。本章以高校 App 设计团队为研究对象，对于信任的研究范围是团队成员之间的相互信任水平。通过参考上述对于团队信任的定义，本章将团队信任定义为团队成员对于其他成员信任的总体水平。

2. 团队信任的测量维度

由于团队信任的定义基本是从个人层面信任的概念拓展而来，因此，对于团队信任的测量也都基本按照 Mayer 等（1995）所提出的个人信任的测量维度展开，并对其进行一定的拓展和延伸，主要包括能力（ability）、善意（benevolence）、正直（integrity）三个维度，相关研究拓展的信任测量维度有信任倾向（propensity）、满意度（satisfaction）等。此外，也有学者从团队水平的信任定义出发，采用单维度直接测量团队信任的水平。这种测量方法通过描述不同的信任水平内容，让各成员对其他成员进行信任评价，相较于依据个人信任维度测量团队信任的方法，单维度的测量方法能够更直接地测出受试团队的团队信任水平。相关文献总结见表 6.1。

表 6.1　团队信任的测量维度

类型	代表文献	维度
单维度	de Jong 和 Dirks（2012）	团队信任
三维度	Schoorman 等（2016）； Mayer 等（1995）	能力 善意 正直
五维度	Mayer 等（1995）；Mayer 和 Davis（1999）； de Jong 和 Elfring（2010）	能力 善意 正直 信任倾向 信任

续表

类型	代表文献	维度
		团队信任
		真实
五维度	Simons 和 Peterson（2000）	正直
		守信
		能力

本章将团队信任定义为团队成员对于其他成员信任的总体水平，同时，出于单维度团队信任测量的优点，本书借鉴 de Jong 和 Dirks（2012）的测量方法，采用单维度直接测量，即让受试者直接对团队内其他成员的信任程度进行评价，并以此为基础进行综合，从而体现团队信任水平。

3. 团队信任的相关研究

信任作为团队成员关系当中最基本的类型之一，与团队产出之间的关系一直是相关研究的热点问题，该类研究的主要结论证实在不同的团队类型和情境中，团队信任能够对团队产出产生显著的积极影响，但也有研究得出不一致甚至相反的结论。在得出团队信任积极影响团队产出的结论的研究中，Costa（2003）的研究表明在社会保障团队当中，团队信任的增加能够带来团队效率和满意度的提升。Howorth 等（2004）的研究表明，团队信任能够增加团队成员之间的信息共享行为，提高团队协作效率，Szulanski 等（2004）也指出团队信任能够加强团队内部的信息交换行为，增强团队合作。de Jong 和 Elfring（2010）的研究表明团队信任水平的增加能够带来更高水平的团队绩效，并且在这一关系中，团队适应力等因素起到了中介作用。此外，Bogenrieder 和 Nooteboom（2004）的研究表明团队信任能够为团队成员的学习行为提供良好的环境条件，并增强团队成员参与知识共享和开发的积极性。Langfred（2007）也指出，团队信任能够提高团队成员的自治能力和工作独立性，从而增强团队整体工作的有效性。Dirks（1999）的研究表明，团队信任水平的提高能够显著激发团队成员的正面情绪，强化其积极工作动机，从而产生更高水平的团队绩效。Wicks 等（1999）对于团队信任的研究结果表明，团队信任能够显著提升团队运行效率。李宁和严进（2007）通过研究组织当中团队信任氛围对于绩效的作用机制发现，组织信任氛围能够有效提升成员心理安全氛围，从而提升员工的工作聚焦与工作改进程度，进而提升组织绩效。

尽管团队信任能够为团队带来正面影响的结论得到了众多研究的支持，但是也有部分学者表明了不同的结论。在团队信任与团队绩效的关系研究中，有学者认为信任可能只能间接影响团队绩效，而非直接影响，即团队信任只能影响团队绩效的某些维度而非全部。此外，也有学者表明团队信任与团队绩效之间并不存在显著的相关关系。例如，Aubert 和 Kelsey（2003）利用实验室实验方法表明信任对团队绩效并没有产生显著的影响作用，同样，Chen 等（2008）以中国台湾高新技术企业中的 54 个研发团队为研究对象进行实证研究，结果也表明团队信任与团队绩效之间并未产生显著相关关系。除此之外，也有学者指出团队信任与团队绩效之间有负向相关关系。例如，Langfred（2007）以自我管理工作团队为研究对象，通过对 71 个自我管理团队进行研究，最终结果表明当团队信任过高时，自我管理水平高的团队成员将会减少互相之间的监督行为，团队绩效会因此显著下降。

综上所述，尽管有部分研究结论未能支持团队信任与团队绩效之间的正向关系，但是这些结论都是在个别情境条件下出现的，而大部分研究结论则能够表明团队信任与团队绩效之间的显著正向关系。因此，本书认为，在 App 设计团队当中，团队信任的提升能够有效提升团队成员之间的协作效率，并带来更高的团队绩效。

6.1.2 交互记忆系统研究综述

1. 交互记忆系统的概念

App 设计团队所面临的设计问题往往是不明确且结构不清晰的，对于这类问题的解决，也有不同的方案和标准。在这种情况下，由于成员个体能力有限，往往需要团队成员根据自身专长进行有效合理的分工来完成工作任务，而实现团队成员之间高效通力合作的必要条件之一是成员之间能够相互了解和确认各自的知识专长和分工内容，因此，在这一过程中，各位成员对于团队内其他成员专长信息和知识背景的记忆储存就显得尤为重要。交互记忆系统作为描述集体信息处理过程的理论之一，最早由 Wegner 等（1985）提出，用以描述亲密伴侣之间通过认知分工和合作来共同解决问题的过程。交互记忆系统早期的定义主要包括两个部分：①完全包含在团队成员个人记忆系统当中的有序知识；②发生在团队成员之间的一系列与知识相关的交互过程。具体而言，交互记忆系统当中的个人记忆系统包含成员自身具体的专长知识，成员之间一系列的交互过程通常以交流的形式展现，团队成员通过相互交流将自身的记忆系统与集体的知识网络联系起来，从而让成员能够相互了解各自的专长所在，并将其他成员作为自己的外部记忆储存进行知识协作。当团队成员在处理问题的过程中需要某些自身遗忘或未能掌握的信息时，他们不需要额外花费时间和精力去专门掌握这些信息，而是通过了解团队当中"谁知道什么"来向相应的成员寻求帮助，如此一来，每位成员可以成为其他人的外部记忆储存，从而减轻团队成员自身的记忆负担，并有效掌握更多的专业知识和信息。同时，交互记忆系统的建立使得团队内的分工信息更加明确，团队成员能够相互配合和依赖，利用彼此的专长让团队分工合作更加高效。随着对于交互记忆系统研究的不断深入，学者们根据 Wegner 等（1985）关于交互记忆系统的最初概念提出了更加明确的定义，即团队或组织中的成员为了编码、储存和检索来自不同领域的信息而建立的共享性系统，且这些成员通常处于紧密关系状态。关于 Wegner 等（1985）提出的交互记忆系统概念中的两部分，也有学者对其进行了进一步的明确，将其分为：①结构部分：每位团队成员确认其他成员的专长并将其储存在个人记忆系统当中，即储存"谁知道什么"的知识信息；②过程部分：成员之间通过编码、储存、检索关于专长知识分布的信息而进行的与知识相关的交互过程。

2. 交互记忆系统的维度与测量

1）交互记忆系统的维度

交互记忆系统的形成、维护及应用过程包括三个部分：目录更新、信息分配、检索协调。

目录更新阶段代表交互记忆系统的形成及维护机制。在该阶段，团队成员通过沟通交流等交互过程了解彼此专长所在，形成"谁知道什么"的团队"知识目录"，并对该目录达成一致共识。在团队运作过程中，知识目录的内容会保持动态变化，团队成员会通过会议交流、讲座讨论、自我报告等交互方式持续对知识目录进行更新。

信息分配阶段代表团队成员对交互记忆系统的认知结构的应用。在这个过程中，当团队成员接收到不属于自身专长知识领域的新知识时，会根据知识目录将该信息传达给拥有该领域专长的成员，从而减轻团队成员自身的记忆负担，有利于团队达到知识信息储存的最优配置状态，实现团队成员的"术业有专攻"。

检索协调同属团队对交互记忆系统认知结构的应用。这个过程是指当团队成员遇到无法独立解决的问题或者遗忘相关知识时，可以根据知识目录内的专长分布信息定向寻求相应团队成员的帮助，以此协同完成工作任务。与信息分配相比，两个过程都是团队成员通过知识目录来共享任务相关信息，不同的是，检索协调利用知识目录实现个人层面的知识接入，而信息分配实现个人层面的知识输出。

在交互记忆系统的维度方面，Liang 等（1995）最早通过在收音机装配工作小组中测量记忆差异度（memory differentiation）、任务协作度（task coordination）和任务可信度（task credibility）三个认知因素来反映团队成员之间的交互记忆系统。其中，记忆差异度指的是团队成员之间在记忆任务不同方面信息的程度差异，任务协作度是指团队成员在完成任务过程中能够共同高效工作的能力，任务可信度是指团队成员对于其他成员所掌握的任务知识的信任程度。Lewis 等（2005）根据 Liang 等（1995）评估团队交互记忆系统所用到的认知指标，编写交互记忆系统量表，通过专长度（specialization）、可信度（credibility）和协调度（coordination）三个维度间接测量交互记忆系统。利用这三个维度开发的交互及系统量表能够较好地反映交互记忆系统的分布式合作记忆特点，Lewis 等（2005）从认知角度描述了团队成员在协作过程中影响交互记忆系统形成的重要条件。

2）交互记忆系统的测量

交互记忆系统的测量方法可分为直接测量方法与间接测量方法，其中直接测量方法应用于早期研究对于交互记忆系统的测量，主要针对实验室实验中二人小组的交互记忆测量，该方法能够使研究者得出关于交互记忆系统结构部分与过程部分及两者整体的有效结论；间接方法主要是通过使用交互记忆系统量表来进行测量，该方法通过测量其他相关指标来推测交互记忆系统是否存在，并不直接测量交互记忆系统本身。这两种方法都能够有效反映出小组中的交互记忆系统。此外，交互记忆系统的常用测量方法还包括行为观察法、自我报告法和回忆测量法。

行为观察法是指评价者通过观察和记录受试对象在实验过程中的行为，并根据研究目标对受试对象按照相应标准进行评价的方法，属于间接测量方法。利用该方法测量交互记忆系统时，研究人员通常会从记录的观察数据当中计算出专长度、可信度和协调度三个维度的指标系数作为交互记忆系统的数据。Liang 等（1995）在测量收音机装配小组的交互记忆系统时，便使用行为观察法，将小组成员合作组装收音机的行为过程用录像形式记录下来，然后通过分析问卷数据推断各小组内交互记忆系统的情况。

自我报告法是在受试者结束试验后对其进行采访或问卷调查，记录其回答内容，并将回答内容作为实验数据的方法，属于间接测量方法。使用该方法测量交互记忆系统时，受试者一般需要回答关于成员知识复杂度、精确度及成员专长一致性等方面的问题，并以此推断交互记忆系统的水平。

回忆测量法是通过测量参与者个人与其合作者记忆的数量、内容和结构来推断交互记忆系统的发展情况，属于直接测量方法。这类方法被大多二人小组的交互记忆系统研究所采用，一般测量合作者回忆其他知识领域的信息并以此完成任务的程度。Hollingshead（1998a）利用实验室方法研究成员交流与二人小组交互记忆发展的关系时，使用该方法测量二人小组的对于任务信息的记忆程度，来判断小组交互记忆系统的发展情况。

上述三种方法都被证明能够在实验室实验的情境中成功测量交互记忆系统，但是这些方法的效果主要依赖于实验队伍所要完成的任务是一致的且有明确的解决方法，因此在现场实验的条件下这些方法会存在较大的局限性。Lewis 等（2005）以 Liang 等（1995）的研究为基础，开发出现场实验的交互记忆系统量表，该量表被证实具有良好的信效度，多年来受到众多学者的广泛应用。在本书中，对于交互记忆系统的测量采用 Lewis 等（2005）的量表题项，并根据本书内容和相关专家意见进行了适当改动。

3. 交互记忆系统的相关研究

针对交互记忆系统所做的各类研究，包括实验室实验和现场实验，基本上都表明当交互记忆系统作为前因变量和中介变量时，存在对团队产出的正向作用，如团队绩效、团队学习和创造力表现等。同时，鉴于交互记忆系统在团队协作过程中所发挥的重要作用，学者们也着重研究了交互记忆系统的前因变量，即交互记忆系统作为结果变量时，影响交互记忆系统形成的因素。本小节将对上述交互记忆系统的相关研究进行梳理。

1）交互记忆系统前因变量的相关研究

交互记忆系统的形成依赖于团队成员之间对于彼此专长的沟通、确认及应用，影响交互记忆系统形成和发展的因素，可以从个人、团队和组织三个层面进行划分。

在个人层面的研究当中，Hollingshead 和 Fraidin（2003）发现成员是否通过性别刻板印象来推断其他成员的知识专长能够影响交互记忆系统中的分工内容，Bunderson（2003）的研究也表明，团队成员会通过性别和种族信息来推断其他人的专长。Pearsall 和 Ellis（2006）的研究发现，当团队中关键成员具有很高的个人魅力表现时，能够有效促进团队的沟通和信息流动，进而正向影响团队交互记忆系统；Pearsall 等（2010）的研究还表明，团队中成员的角色识别行为，即个人主动向其他人提供有关自身角色和责任信息的行为及寻求他人角色和责任信息的行为，能够促进团队交互记忆系统的发展。

在团队层面，团队信任是影响交互记忆系统的重要因素之一。Ashleigh 和 Prichard（2012）在理论层面提出了信任与交互记忆系统关系的整体模型，该模型指出信任能够正向影响交互记忆系统发展过程中的不同阶段，包括知识结构和交互过程。此外，Jackson 和 Moreland（2009）通过对课堂小组绩效的研究表明，团队成员间的交流能够有效促进团队交互记忆系统的形成和发展，同样地，Lewis（2004）对于交流与交互记忆系统的研究也表明，团队内的交流频次与交互记忆系统的水平有显著正向关系。团队是否接受技能训练，团队任务独立性、合作目标独立性等团队特征被证实也都与团队交互记忆系统有关。

组织层面关于交互记忆系统的研究主要包括团队环境压力和团队地理特征等。团队环境压力方面，Pearsall 等（2009）发现团队外部的挑战型环境压力，如时间压力等，能够增强交互记忆系统，而阻碍型环境压力，如角色模糊，则会抑制交互记忆系统的发展。Ellis（2006）与其合作者利用工作团队进行仿真实验时发现，急性应激对交互记忆系统的各个阶段均有负面影响。当团队为地理隔离团队时，大量小群体的出现被证实会损害交互记忆系统的发展。

2）交互记忆系统结果变量的相关研究

交互记忆系统作为团队内的认知分工合作系统，能够有效减轻团队成员的记忆负担，促进团队成员的协作效率，从而提升团队层面和成员层面的产出。

团队层面，交互记忆系统被众多学者认为能够有效提升团队绩效水平，包括有效性和效率等。Faraj 和 Sproull（2000）研究发现团队成员对于团队内成员知识分布的信息了解得越多，团队有效性越高。Cao 和 Ali（2018）的研究表明交互记忆系统能够有效促进团队创新绩效的提升，类似地，Peltokorpi 和 Hasu（2016）通过现场实验表明交互记忆系统与团队创新之间存在正向关系。Choi 等（2010）对 139 支团队进行研究，结果表明交互记忆系统能够通过促进知识共享与知识应用来提升团队有效性与效率水平。

成员层面的产出主要是指团队成员满意度、个人绩效等。Wegner 等（1985）最早通过实验室实验表明了交互记忆水平与成员满意度之间的积极关系。Michinov 等（2008）通过对医护团队的研究，发现高水平的交互记忆系统与以成员满意度、团队效率等为维度的团队绩效之间存在显著正向关系。

3）交互记忆系统作为中介变量的相关研究

学者们除了研究交互记忆系统的前因与结果变量之外，还试图以交互记忆系统为中介变量，来研究团队层面变量对团队绩效的作用机理。Pearsall 和 Ellis（2006）对于团队成员个人魅力的研究表明，交互记忆系统对成员个人魅力与团队绩效和满意度的关系起到中介作用。Zhong 等（2012）的研究证实了交互记忆系统的三个维度在社会联系与团队绩效的关系中起到中介作用。交互记忆系统还在小组训练、工作经验与团队绩效的关系中扮演中介变量的角色，表明小组训练等因素对绩效促进的主要作用是通过提高交互记忆系统的发展水平来完成。黄海艳和李乾文（2011）对于团队异质性与创新绩效的关系研究表明交互记忆系统的部分中介作用。张钢和熊立（2009）在研究成员异质性与团队绩效的关系时，证实了交互记忆系统的中介作用。交互记忆系统还被证实能够在团队断裂带与团队绩效的关系中起到中介作用。

综上所述，影响交互记忆系统的因素主要是通过促进或抑制团队成员之间的沟通交流来影响团队交互过程及相应的认知分工形成，而交互记忆系统则能够通过帮助团队成员减轻记忆负担，增加协作效率来提升团队绩效。团队信任不仅被众多研究证实其与团队绩效有正向关系，同样也能够减弱成员之间互动的风险感知，促进团队成员之间的交流。因此，本章以交互记忆系统为中介变量，探究其在团队信任与团队绩效之间的中介作用效果，进而揭示 App 设计团队当中团队信任对团队绩效的影响机制。

6.1.3 社交关系研究综述

1. 社交关系的概念与分类

1) 社交关系的概念

在团队成员相互配合完成任务的过程中，彼此之间会形成各种各样的关系用以完成信息、知识等资源的传递，这种在成员之间传递资源的渠道便是社交关系（social ties）。Granovetter（1973）首先在其对于"弱关系"的研究中探讨了社交关系在劳动力市场上的可能作用，但并未直接给出社交关系的明确定义。边燕杰（1999）通过对 Granovetter 理论的分析，将社交关系的概念定义为人与人之间、组织与组织之间由于接触和交流而形成的一种纽带关系。这种纽带关系更多地被学者们认为是存在于社会实体之间的一种非正式的人际关系（interpersonal relationships），处于关系两端的人可以通过这种关系相互获取个人资源，因此社交关系也被视为人际资源的流通渠道。本书通过参考上述关于社交关系的定义，将社交关系定义为处于同一或不同社会团队中的个体之间通过相互交流和接触而形成的关系或联系，通常作为成员之间的个人资源流通渠道。

2) 社交关系的分类

研究者们通常根据社交关系网络所获取的资源数目及种类对社交关系进行分类。在资源数目方面，研究者通常将社交关系分为单一资源关系（single resource ties）和多资源关系（multiple resource ties）。单一资源关系是指通过该关系所获得资源的类型只有一种，这种类型的关系通常是研究的重点。Podolny 和 Baron（1997）对组织中的单一资源关系进行了更进一步的分类，将其分为：获取关于重大决定消息的关系、获取积极情感和个人支持的关系、获取工作建议的关系及绩效反馈相关关系。然而，在成员之间实际的交互过程中，成员间的关系并不能简单地认为仅传递一种类型资源，而是会处于不断拓展的动态变化之中，因此，多资源关系通常是由单一资源关系逐渐丰富而来。

在资源种类方面，学者们通常将社交关系分为工具型社交关系（instrumental ties）和情感型社交关系（expressive ties）。工具型社交关系是成员在寻找任务相关信息资源的过程中与其他成员之间形成的关系，这种关系通常会出现在工作场所，从正式工作关系中涌现而出，且在具有不同知识背景的成员之间更容易形成。成员会通过工具型社交关系来寻找和搜集与任务相关的信息、建议等资源以完成目标任务，是一种以目标为导向，以信息和认知为基础的社交关系，对于工作绩效的提升十分重要。情感型社交关系是成员在交流情感、寻求或提供社会支持等社交活动中形成的关系。这种关系更容易受情感影响，其特点是情感上的亲密和对相互利他行为的期望。情感型社交关系同时还分为正面情感关系（如友情）和负面情感关系（如怨意），其中，正面情感关系往往会带来社会支持、个人归属感等积极影响，而负面情感关系反映出个人的厌恶，会对个人的安全感和身份认同感带来挑战。对于两者的定性研究表明，随着个体在合作过程当中的交互不断增多，社交关系也会逐渐增强，其内容也会从与工作相关的工具型社交关系为主逐渐包含更多与情感相关的情感型社交关系。正如上文所说，社交关系在形成过程中会处于一种动态变化的状态，因此，这两种情感关系并不是绝对互斥的，实际上两者之间往往存在重叠部分，并且一种关系可能会带来另一种关系的产生。具体社交关系的分类如表 6.2 所示。

表 6.2　社交关系的分类

维度	关系类型	子类型
获取资源数目	单一资源关系	获取关于重大决定消息的关系
		获取积极情感和个人支持的关系
		获取工作建议的关系
		绩效反馈相关关系
	多资源关系	（由单一资源关系拓展）
获取资源种类	工具型社交关系	如建议沟通关系
	情感型社交关系	正向情感关系
		负向情感关系

2. 社交关系的测量

社交关系的测量方法主要有两种，一种是根据所要研究社交关系的类型直接进行测量，如 Umphress 等（2003）在测量工具型社交关系时，根据其所要测量的"工作相关建议关系"直接询问受试者"请核对您是否向该成员寻求工作相关建议？"，而测量情感型社交关系时则询问"您如何看待该成员？"，该方法具有较高灵活性；另一种则是依据 Manev 和 Stevenson（2001）所开发的量表进行测量，具体内容见表 6.3。本章主要关注 App 设计团队当中的工作建议关系与友情关系，因此采用直接测量方法进行测量。

表 6.3　社交关系测量方法

测量方法	关系类型	测量题项	应用例子
直接测量	工具型	您向该成员寻求工作相关建议的程度？	Reagans 和 Zuckerman（2001）
	情感型	您与该成员进行工作之外的社交的程度？	Mehra 等（2006） Umphress 等（2003）

测量方法	关系类型	测量题项	应用例子
间接测量	工具型	我常与该成员通过收发消息与其进行协作、控制、计划或评估工作。	Manev 和 Stevenson（2001） Zhou 等（2010） Zhong 等（2012） Lin C（2007）
		我常与该成员在往来资金、人员、设备、物资方面打交道。	
		我常与该成员互相进行技术支持。	
		我与该成员的接触对我的工作来说非常重要。	
	情感型	我与该成员很熟。	
		我会与该成员谈论工作之外的事情。	
		我会在休息时间与该成员一起吃午饭。	
		我会向该成员咨询个人事务。	

3. 社交关系相关研究

对于社交关系的研究通常从获取资源种类的维度入手，探究工具型社交关系和情感型社交关系的前因变量，以及两者对相同结果变量的影响，研究层次基本可以分为个人层次和团队层次。本小节将分别从个人层次和团队层次，对工具型社交关系和情感型社交关系的相关研究进行概述。

1）社交关系个人层次相关研究

社交关系个人层次相关研究主要探究两种社交关系本身对于组织或团队中的个人所产生的影响。其中，Gibbons（2004）利用纵向研究方法，探究了社交关系对于个人职业价值观的影响，结果表明工具型社交关系能够维持和巩固个人职业价值观，而情感型社交关系会正向促进个人职业价值观的形成。Umphress 等（2003）研究了个人社交关系对于组织公平性感知的影响，实证结果表明这两种社交关系并不能影响个人对组织公平性的感知程度。社交关系也被用来研究对个人知识传输和分享的影响作用。Lin C（2007）探究了两种社交关系对于组织员工隐性知识共享的影响作用，结果表明工具型社交关系和情感型社交关系均能正向影响员工对于隐性知识的分享。Zhou 等（2010）的研究表明，情感型社交关系会对显性知识的传输产生负向影响，但对隐性知识的传输无显著作用；工具型社交关系则能够正向影响隐性知识的传输，但其对于显性知识的传输无显著影响。另外，Lincoln 和 Miller（1979）以两种社交关系为因变量，探究了组织成员自身的职权、教育、性别、种族及所属部门对于个人社交关系的影响。

2）社交关系团队层次相关研究

社交关系团队层次的相关研究主要是探究两种关系在团队中所形成网络结构的特征，如密度、集中度等对于团队产出的影响。其中，Zhong 等（2012）的研究表明，工具型社交关系和情感型社交关系均能显著正向影响交互记忆系统的三个维度，从而正向影响团队有效性和团队绩效。Mehra 等（2006）通过研究团队领导的情感型社交关系（友情）网络集中度，发现其与团队绩效水平之间存在显著正向关系，Balkundi 等（2009）则对团队领导的工具型社交关系（建议）网络集中度进行了研究，结果表明领导在建议关系网络中的集中度越高，团队的有效性就越高，反之则会越低。Balkundi 和 Harrison（2006）还探究了团队内外部社交关系网络结构对于团队有效性和团队绩效的影响，工具型社交关系和情感型社交关系均能正向调节这两种关系。Sparrowe 等（2001）则探究了工具型社交关系中的建议关系网络和情感型社交关系中的阻碍关系网络对个人绩效和团队绩效的影响，研究结果表明建议关系网络集中度会显著正向影响个人绩效，而阻碍关系网络集中度则起到相反作用，且阻碍关系网络密度会对团队绩效产生显著负向作用。此外，Manev 和 Stevenson（2001）还研究了团队内外部社交关系数目对团队效率的影响。

3）社交关系的构形构念与构形方法

综合社交关系在个人层次和团队层次的研究可以看出，社交关系作为成员之间流通资源的渠道，能够对团队成员之间的知识传输和共享等行为产生影响，当这种影响涌现到团队层面时，社交关系往往会以网络的形式，从结构角度影响团队过程和团队产出。这种发生在低层次的单位（成员个体）之间并涌现在高层次（团队）之间的构念被称为"构形构念"（configural construct），构形构念能够将成员个体特征的排列、模式或者构形展现在更高层面，是一种跨层次的概念，构形构念所展示的团队特征在个体层次上通常是动态的，并随着团队情境、团队过程等方面的变化而变化，与团队层次上的构念性质相同而功能不同。以绩效为例，个人绩效与团队绩效均描述该层次完成任务的质量情况，两者紧密相关，但是团队绩效并不是个人绩效的线性加和，而是每个个体绩效的综合涌现。同样地，团队层次研究当中的社交关系网络结构也是一种构形构念，它能够表现出团队成员利用社交关系进行互动时的不同模式。这种从结构角度来探究个体不同互动模式的方法被称为"构型方法"（configural approach）。构型方法能够从个体入手，通过探究个体在互动过程中所发挥的作用来分析交互过程，对团队过程进行解构，从而识别出可能与提高绩效相关的具体活动模式，并且利用构形方法来研究个体之间的交互模式时，通常采用社会网络分析方法对团队结构进行测量，即通过网络结构指标，如集中度等，来展示团队成员的互动模式。

App 设计团队成员在互动和协作过程中，同样受到个人层面和团队层面的社交关系的影响，因此，本章从社交关系角度出发，利用构形方法探讨社交关系网络集中度对团队信任、交互记忆系统及团队绩效之间关系的作用机制，旨在揭示 App 设计团队如何建立和利用社交关系网络来提升团队绩效。

6.1.4　团队绩效研究综述

1. 团队绩效的内涵

绩效的概念在不同的研究领域有着不同的定义。管理学领域的绩效是指在一定的资源条件背景下，组织、团队或个人对既定目标或任务的实现程度，及其对实现过程的效率衡量和反馈。目前，学界对于绩效的内涵理解主要分为三个方面："绩效为结果""绩效为行为""绩效为能力"。"绩效为结果"指绩效是在工作当中产生的结果的总和，如生产的工件数；"绩效为行为"指绩效是在工作中表现出的行为特质，如准点率；"绩效为能力"指绩效是由激发员工潜力带来团队能力的提升。绩效的维度划分主要依据 Borman 和 Motowidlo（1993）提出的"绩效二维模型"，即任务绩效和关系绩效。任务绩效是指对规定绩效任务完成情况及其结果的评价，关系绩效是指员工自发的、亲社会的且与特定工作无关的绩效行为。从绩效划分的主体来看，绩效主体由小到大可分为个人绩效、团队绩效与组织绩效三个层面。

团队绩效的概念定义分为狭义和广义两个视角。狭义视角的团队绩效，其核心为团队的任务和目标，关注团队产出情况。广义视角的团队绩效不仅强调团队产出，同时还包含团队氛围、团队效率、团队创造力，以及成员满意度、成员学习和外部利益相关者的满意度及其需求满足程度等。聚焦到软件开发团队，团队绩效通常是指团队能够达到既定项目质量、成本和时间目标的程度，也有学者从主观角度将团队绩效定义为团队生产产出达到或超出产出验收者或接受方绩效标准的程度。

2. 团队绩效的测量

团队绩效的测量方法主要分为主观测量与客观测量两种，而在 IS（information system，信息系统）领域的研究当中，客观测量方法存在一定的问题，如产出能力衡量数据不易获得，易受到人为操纵，评价片面化，等等，因此现阶段国内外的学者主要通过主观测量方法，利用量表测量团队绩效。

软件开发团队的绩效测量维度通常包括有效性（effectiveness）和效率（efficiency）两个维度。有效性是指团队达成目标产出期望的程度，反映出实际产出与期望产出的对比；团队效率是指在一定时间或预算内完成目标任务的程度，反映出实际投入与预期投入的对比。对于有效性和效率这两个维度的测量，学者们根据其研究的情境和目的开发出不同的量表内容，其中以 Jung 和 Sosik（2002），Hoegl 和 Gemuenden（2001），Henderson 和 Lee（1992），以及 Guinan 等（1998）开发或修改的量表为主。团队绩效的测量不仅包括团队完成其绩效目标的程度，同时也包括保证团队成员参与后续工作的动力和能力,因此,针对团队绩效的广义内涵,有研究在有效性和效率的基础上加入了成员满意度。成员对团队的满意度水平能够反映其继续参与团队工作的意愿,以及对团队协作期间人际交往状况的看法。团队成员经历的协作过程越好,团队成员可能对团队越满意。因此,将该变量考虑到团队绩效的测量中,可以较全面地评估团队绩效水平。

综上所述,本章对于 App 设计团队绩效的测量维度包括有效性、效率和成员满意度三个维度。首先,对于 App 设计团队而言,由于其主要任务是通过设计功能来满足市场和用户需求,功能的创新性是其绩效的重要一方面,因此其有效性反映的是团队创造性产出的水平;其次,App 设计团队要在一定的资源限制下完成设计工作,解决问题的能力越强,则其完成任务所需的资源就越少,因此其效率反映的是团队解决问题的能力和决策能力;最后,成员满意度反映成员对于其队友、工作氛围及团队能力的评价。

3. 团队绩效的相关研究

团队绩效作为团队产出的维度之一,会受到来自团队内外多种因素的影响。通过对团队绩效相关研究的梳理,可以将影响团队绩效的因素分为团队输入变量及团队过程变量两个方面。

1)团队输入变量相关研究

团队输入变量主要集中在团队外部因素及团队特质方面,主要包括组织环境、团队结构、团队规模、成员异质性与多样性等。

在组织环境方面,Choi 等(2010)对企业中的信息技术支持与工作团队绩效的关系进行研究,表明组织对于知识管理团队的信息技术支持能够显著提高团队的协作效率和绩效水平;Havakhor 和 Sabherwal(2018)以虚拟知识团队为例,同样证实组织对于信息技术的支持有助于团队成员建立联系,从而更好地进行知识协作等各种团队过程,进而有效提高团队绩效。

在团队结构方面,Kudaravalli 等(2017)分别研究了软件开发项目中的设计工作与开发工作团队结构,结果表明网络集中度低的设计工作结构与网络集中度高的开发工作结构能够有效提升各自的协作过程和绩效水平;Dissanayake 等(2015)以网络外包团队为例,通过研究指出团队中社交网络核心成员与专业网络核心成员的一致性越高,越有助于提高团队绩效水平。

在团队规模方面,Alnuaimi 等(2010)通过实验室实验发现,技术支持团队的团队规模会通过职责分化等过程来影响团队的产出;Campion 等(1993)通过实证研究表明,团队规模能够显著提升团队绩效水平;Magjuka 和 Baldwin(1991)以企业工作团队为研究对象,指出团队规模越大时,团队绩效越高。

成员异质性与多样性对于团队绩效的研究结果存在一定分歧,包括正向影响关系和负向影响关系。在正向关系研究中，Reagans 和 Zuckerman（2001）在对研发团队的研究中发现，高水平的团队成员网络异质性能够促进团队学习能力，从而提升团队绩效；张燕和章振（2012）指出团队成员性别多样性能够显著正向影响团队绩效水平；李楠与葛宝山（2018）对创业团队进行研究，结果表明团队认知多样性能够通过情感支持、知识共享间接影响团队绩效，同时观念多样性能够对该关系进行有效调节。在负向关系研究中，Pelled 等（1999）通过对团队多样性、团队冲突和团队绩效的作用机理进行研究，指出团队多样性会造成团队冲突，进而影响团队绩效；张钢和熊立（2009）对于团队成员异质性与团队绩效的研究表明，成员一般异质性会直接影响团队绩效且为负向关系，成员专长异质性通过促进交互记忆系统来间接影响团队绩效。针对上述不同的研究结论，van Knippenberg 等（2004）提出社会分类信息加工理论模型，认为工作团队多样性会通过信息加工过程和社会分类过程分别给团队绩效带来正面与负面效应，该模型将团队多样性对团队绩效产生的正向、负向影响联系起来，从整体上阐述了团队多样性对于团队绩效的作用机制。

2）团队过程变量相关研究

团队过程变量主要分为认知过程变量、情感过程变量和行为过程变量三类。

在认知过程变量方面，研究的主要变量为团队学习、交互记忆系统等。在团队学习与团队绩效的相关研究中，Lynn 等（1999）通过对新产品开发团队的研究表明，通过开展团队内部学习，能够对客户需求形成更准确的认知，使团队达成预期绩效；Edmondson（2002）认为团队学习能够加强成员之间的互动频次，能够使团队不断获取新的知识和信息，进而提高团队绩效水平；莫申江和谢小云（2009）以实际运行的项目团队为研究对象，采用纵向追踪设计方法，指出团队学习能够显著提升团队绩效水平；王端旭和薛会娟（2013）以实际运行的工作团队为研究对象，采用问卷调查方法，表明团队成员的利用性学习行为与团队创造力相关。在团队反思与团队绩效的相关研究中，Schippers 等（2013）认为团队学习有助于团队成员从错误当中学习，进而帮助成员改善绩效，且团队学习行为对于低绩效团队作用更加显著。关于交互记忆系统的相关研究，前文已经进行了文献总结，在此不予赘述。

在情感过程变量方面，主要包括团队信任、团队凝聚力等。关于团队信任与团队绩效的研究，前文已有相关内容，此处不予赘述。在团队凝聚力相关研究方面，Pillai 和 Williams（2004）在对变革型领导与团队绩效的关系研究中证明，团队凝聚力能够中介两者关系；Man 和 Lam（2003）指出团队凝聚力能够提升工作效率进而提升团队绩效水平；马硕等（2011）以虚拟团队为研究对象，指出虚拟团队凝聚力是保证团队高水平绩效的重要因素，且团队沟通在团队凝聚力与团队绩效关系中起调节作用。

在行为过程变量方面，与团队绩效相关的变量主要包括团队冲突、团队沟通等。Jehn 等（1999）在探讨工作团队多样性与团队绩效的研究中指出，团队冲突能够中介团队多样性与团队绩效的关系；Kankanhalli 等（2006）通过对虚拟团队的冲突与绩效关系的研究表明，任务冲突与团队绩效之间的关系取决于任务复杂性和冲突解决方法，关系冲突对绩效的影响可能取决于任务的相互依赖性和冲突解决方。陈晓红与赵可（2010）通过对工作团队中的冲突进行实证研究，指出任务型冲突能够提升团队绩效，而竞争型冲突则会带来团队绩效的降低。在团队沟通方面，Kirkman 等（2004）指出团队当中面对面的互动交流能够有效提升团队绩效；何建华等（2014）指出团队沟通能够在团队集体有效性与团队绩效关系之间起调节作用；杨付和张丽华（2012）以企业工作团队为研究对象，采用问卷调查方法探讨了团队沟通与团队创新行为的关系，指出团队沟通对团队创新行为呈倒 "U" 形的影响。

综上所述，学者们从多个方面入手，探究团队层面变量对于团队绩效的作用机制，为有效提升团队绩效提供了更多的研究思路与视角。为探究 App 设计团队的团队协作过程，本章以交互记忆系统理论为基础，探究了在团队信任影响团队绩效的机制中，交互记忆系统所发挥的作用。同时，本章以社交关系网络作为情境因素，分别探究两种不同的社交关系网络对于团队绩效的具体作用，为提高 App 设计团队绩效提供一定的实践启示，同时为团队信任与团队绩效相关研究做了理论补充。

6.2　研究模型与理论假设

6.2.1　概念模型

App 设计工作的完成依赖成员之间的相互协作，而协作过程的本质是成员在认知层面对于团队专长资源的共享和利用。交互记忆系统作为团队成员的认知分工系统，能够反映出团队成员对于团队专长资源的共享及利用过程，即根据任务所需专长知识匹配到团队内相应成员，这是 App 设计团队成员进行知识交互的主要表现。通过交互记忆系统成员可以减轻自身记忆负担，进而有效促进团队成员之间的协作过程，有利于设计工作的完成，保证工作成果的质量，对于 App 设计团队而言具有十分重要的作用和意义。因此，本章的概念模型以交互记忆系统为核心点，将其作为模型中间变量，探究其在 App 设计团队背景下的形成机制及其对于团队绩效的作用机制。

依据社会交换理论，团队信任程度越高，团队成员之间的信息资源交换程度就会越高。对于 App 设计团队而言，设计工作的完成依赖于成员各自的专长知识及相互之间的合作，团队知识分享活动越频繁，团队交互记忆系统的形成和发展就会越顺利。团队信任对于成员之间沟通及分享过程的促进对于交互记忆系统的形成具有关键作用。因此，本章将团队信任作为交互记忆系统的前因变量，即模型自变量，探究 App 设计团队情境中团队信任对于交互记忆系统的具体影响。另外，团队成员相互信任程度越高，团队有效性会随之增强，有利于团队绩效水平的提高。然而对于信任与团队绩效之间关系的研究结论并不一致，有学者认为信任对于绩效的影响作用会随着团队性质、任务类型及绩效维度等因素的变化而产生变化。因此，本章也以交互记忆系统作为中介变量，来进一步分析团队信任与团队绩效之间的相关关系。

团队成员在交流协作过程中，通过不同的交互方式和内容会产生不同的社交关系，这些社交关系对于团队过程而言十分重要，不同的社交关系会对不同的过程产生相应的影响。随着对于社交关系研究的不断深入，学者们逐渐开始关注个人层面的社交关系涌现到团队的网络结构，并依据社会网络理论对网络结构特征，如密度、集中度等进行进一步分析，如社交关系网络的集中度反映各个成员关系网络中的互动模式和方向，集中度越大，代表团队中的多数成员会选择与核心人物进行关系互动。作为本章中的情境因素，社交关系网络集中度会对 App 团队的协作过程产生影响，且不同社交关系类型的网络集中度会对团队过程产生不同的作用。因此，本章将社交关系网络集中度作为调节变量，探究工具型社交关系网络集中度与情感型社交关系网络集中度对于团队过程产生的作用，打开存在于团队信任、交互记忆系统与团队绩效之间的作用机制"黑箱"，同时也能够为 App 设计团队实现高效沟通协作及绩效最大化提供启示。

综上所述，本章的概念模型如图 6.1 所示。

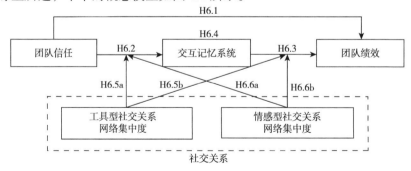

图 6.1　概念模型

6.2.2　研究变量与假设

1. 团队信任

团队信任作为一种对于团队成员行为动机保持积极期望的心理状态，能够减少成员之间进行互动时的风险担忧与风险感知，在团队内形成一种安全的团队氛围，在这种团队氛围当中，成员之间的互动会有更多的不确定性和脆弱性，因而能够以更加开放和主动的态度进行团队活动，如坦诚公开地讨论团队冲突和错误、反馈和共享任务信息、减弱自身防御心理和行为等，信任其他人的成员。因此更有可能高效地参与信息共享等团队交互过程，从而提高团队绩效水平。反之，当团队信任水平低下时，团队成员所面临的不确定性和脆弱性较高，出于自我保护的目的，成员们可能不愿意参与交流沟通等活动，并且在交互的过程当中更容易出现团队冲突，这样一来，团队协作过程会变得十分低效，团队绩效因此也会受到负面影响。综上，本章提出如下假设。

H6.1：团队信任正向影响团队绩效。

2. 交互记忆系统

交互记忆系统的发展和形成要求团队内每位成员掌握关于其他成员专长知识分布的信息，进而将其他人作为自己的"外部存储设备"进行团队协作，这两个过程分别形成了交互记忆系统的结构部分和过程部分。在结构部分中，各成员需要去了解其他成员的专长信息，而在过程部分中，成员可能要向其他人询问自己未能掌握或遗忘的知识从而完成知识应用。例如，负责 App 界面设计的成员可能需要向负责功能设计的成员寻求关于标签排列的信息。交互记忆系统的两个部分都需要成员向其他人寻求信息，而在这个过程中，信息的寻求成员与信息来源成员相比，会有更高的脆弱性，因此他们可能会采取防御性的行为来预防潜在风险。团队信任能够使团队成员处于安全的团队氛围当中，在这种情况下，信息寻求成员在向信息来源成员寻求信息时的风险感知会被弱化，从而能够更加开放和有效地与他人沟通，如此一来，在高团队信任水平下，成员对于他人专长信息的了解会更加顺利，即团队信任能够正向影响交互记忆系统的结构部分。对于过程部分，成员会使用关于"谁知道什么"的元知识与他人进行协作，而建立在成员之间的信任关系能够增强成员对于其他人专长的可信度，并且影响成员对于其所未能掌握的知识的态度，使得团队成员更加主动地向信息来源成员寻求知识信息，并减少该过程中发生冲突的可能性。总之，团队信任能够通过增强心理安全、减少冲突、促进知识分享等活动来正向影响交互记忆系统的形成。因此，在 App 设计团队当中，团队信任能够有效促进交互记忆系统的发展和形成，故提出如下假设。

H6.2：团队信任正向影响交互记忆系统。

在 App 设计工作中，设计任务的复杂性要求团队成员紧密配合来完成知识协调工作，而知识协调被视为 App 设计开发工作中最大的挑战之一。现有研究证实交互记忆系统能够为团队知识协调工作赋能从而带来团队绩效的提升。作为团队内以专长知识为基础的认知合作系统，交互记忆系统能够为成员在完成 App 设计任务的过程中提供"谁知道什么"的知识目录，成员通过知识目录能够清楚地认知到团队内的专长分布及其分工。当团队成员需要自身未能掌握的专长知识时，便可高效地定位对应成员进行咨询，从而节省搜索所需知识的时间，使其投入更多的精力在自身工作当中，提高工作效率。另外，交互记忆系统可以让团队成员专注于自身专长的发展，同时高效学习和吸收来自其他成员的相关设计知识，从而有利于提升自己的工作质量。综上所述，本章对交互记忆系统与团队绩效之间的关系做出如下假设。

H6.3：交互记忆系统正向影响团队绩效

团队信任能够通过增强团队安全心理氛围促进团队沟通，以及减少团队冲突来提升团队绩效。团队信任带来的这种情绪状态和团队氛围能够使设计人员有更大的兴趣和更多的机会参与到知识协作和任务合作过程中来，并最终完成产品解决方案。在这个过程中，成员之间的高效沟通和互动，对于交互记忆系统的发展至关重要，而团队信任的缺失会造成团队成员无法进行足够的沟通，阻碍团队知识目录的形成与更新，不利于交互记忆系统的形成，并最终损害团队绩效。由此可以推断，交互记忆系统能够解释 App 设计团队中团队信任对于团队绩效的作用机制，因此，本章提出如下假设。

H6.4：交互记忆系统在团队信任与团队绩效之间起中介作用。

3. 社交关系网络集中度

1）工具型社交关系网络集中度

集中度高的网络结构至少会有一个中心点，并且在 App 设计团队的工具型社交关系网络中，位于中心点位置的成员相对于其他成员掌握着较丰富的专业知识或设计经验，通常被称作专家成员。与该中心成员建立工具型社交关系的成员越多，团队的工具型社交关系网络集中度就越高。已有研究表明，团队中有较高知识水平的成员有更大的可能性通过所掌握的任务相关知识和信息去激励其他成员参与到信息获取活动当中，这些专家成员同样也会由于其所在的网络结构中心位置而获得整合成员知识、管理协作机制、设置项目里程碑及发布规划等能力。因此，在工具型社交关系网络集中度高的 App 设计团队当中，中心成员能够很好地驱动团队成员积极参与信息交换和整合等活动。例如，团队当中的专家成员可能了解谁负责市场分析，同时也知道当遇到 App 运行问题时该向谁寻求帮助，当团队其他成员需要这些信息时，仅通过与中心成员建立联系即可，而不用去询问每位成员以节省时间。对于其他成员而言，在观察到某成员做出上述行为并成功获得所需信息的情况后，会促使他们做出同样的行为，即向中心成员咨询信息。这样一来，当团队内的工具型网络结构集中度较高时，中心成员能够更好地促进其他成员的知识信息交流互动行为，从而使团队成员更加信任其他成员的专长，同时减少向其他成员寻求信息时的风险性和不确定性感知，进而创造有利于团队成员知识目录形成和更新的团队氛围。

综上，在工具型社交关系网络集中度高的情况下，团队信任能够更好地促进交互记忆系统的形成。因此，本章提出以下假设。

H6.5a：工具型社交关系网络集中度正向调节团队信任与交互记忆系统之间的关系。

在 App 设计团队当中，位于工具型社交关系网络结构中心位置的成员，由于其通常掌握的知识水平或经验水平相对于其他成员较高，因此能够就实际工作问题向与其建立关系的其他成员提供更多有效的建议，这些建议有助于成员节省时间和精力，增加成员对于工作任务的理解和认知。集中度越高的工具型社交关系网络，团队中与中心成员建立关系的成员数量越多，当这些成员向中心成员寻求意见或建议时，中心成员所提供的有效信息有助于提升更多团队成员协作的成功率，并减少由此可能引发的任务冲突，使团队整体的协作效率更加高效。对于交互记忆系统来说，其促进团队绩效提升的作用机制正是通过成员元知识来提高成员认知协作过程的效率，进而提升团队的绩效水平。因此，在 App 设计团队当中，团队工具型社交关系网络集中度越高，交互记忆系统带来的团队成员协作效率提升水平就越高，从而带来更高的绩效水平。因此，本章提出如下假设。

H6.5b：工具型社交关系网络集中度正向调节交互记忆系统与团队绩效之间的关系。

2）情感型社交关系网络集中度

在 App 设计团队当中，集中度较高的情感型社交关系网络表示大部分的团队成员都会与中心成员进行社交活动，这样的社交模式对于处于网络边缘位置的成员来说，可能会导致他们对情感关系网络中心成员产生一定的依赖，这种依赖性会使成员偏好与关系较为密切的中心成员进行交流互动，而非其他多数成员，如此一来，团队成员之间的交流互动频率会受到极大限制。此外，在 App 设计过程中，团队成员会不断从外界获取新的任务相关信息，团队知识库会随之得到更新和扩展。然而，成员在高集中度的情感型社交关系网络中形成的依赖性，会阻碍其对新近知识的重新认知，造成团队知识库更新的滞后性与低频性。当情感型社交关系网络集中度较低时，团队交流会更加频繁，成员之间的互动范围也会增加，彼此之间的专长也能够得到更好的认知。对于团队信任而言，这样的团队环境能够更好地帮助团队信任促进交互记忆系统的形成和发展。综上所述，本章提出以下假设。

H6.6a：情感型社交关系网络集中度负向调节团队信任与交互记忆系统之间的关系。

情感型社交关系网络集中度在一定程度上能够反映出团队成员之间的情感认同关系模式，而根据自我分类理论，为了与大多数成员行为保持一致，团队成员会不断对自身行为进行纠正，进而导致在团队中出现成员行为特质高度一致的情况，使其不愿意改变先前的陈旧行为模式，抑制团队创新行为。另外，高集中度情感型社交关系网络所带来的依赖性会使团队成员在最佳状态下执行团队合作的意愿较低，而在集中度较低，即分散结构的情感型社交关系网络中，中心成员对边缘成员的社交互动的控制能力会被大大减弱，成员之间的互动可以有更多的灵活性和自主性，并能从更多成员那里获得更多的社交支持等资源，这些情感支持有利于成员建立个人自信心，增强工作动力，提高团队满足感，同时也能够减少成员在互动过程中的信息失真和冲突。所以，当情感型社交关系网络集中度较低时，成员能够更高效地进行知识协调与利用活动，进行创新行为，而交互记忆系统正是通过促进成员协同效率有效提升团队绩效水平的。综上，本章提出以下假设。

H6.6b：情感型社交关系网络集中度负向调节交互记忆系统与团队绩效之间的关系。

6.2.3 研究变量假设汇总

本章节关于研究变量的相关假设汇总如表 6.4 所示。

表 6.4 研究变量假设汇总

假设序号	假设内容
H6.1	团队信任正向影响团队绩效
H6.2	团队信任正向影响交互记忆系统
H6.3	交互记忆系统正向影响团队绩效
H6.4	交互记忆系统在团队信任与团队绩效之间起中介作用
H6.5a	工具型社交关系网络集中度正向调节团队信任与交互记忆系统之间的关系
H6.5b	工具型社交关系网络集中度正向调节交互记忆系统与团队绩效之间的关系
H6.6a	情感型社交关系网络集中度负向调节团队信任与交互记忆系统之间的关系
H6.6b	情感型社交关系网络集中度负向调节交互记忆系统与团队绩效之间的关系

6.3　实证研究设计

6.3.1　研究方法概述

本章以高校学生 App 设计团队为研究对象，采用现场实验方法，数据收集采用定量方式，并最终通过实证分析方法检验概念模型。即利用高校学生所组建的 App 设计团队参与根据实验目的所设计的现场实验，并在实验结束后以团队为单位填写调查问卷来收集团队信任、交互记忆系统、社交关系及团队绩效变量的数据，并利用实证分析方法来分析所收集的数据，进而检验本书所提出的各个研究假设。

6.3.2　实验设计

本章以大连一高校某学院四个专业的大二及大三学生为研究对象，共计 174 人。受试学生通过选修一门为期八周的管理信息系统课程参与实验，这些学生会被随机分为 4~5 人的小组，最终共有 36 支 4 人小组，6 支 5 人小组，共 42 支小组参与本实验。

实验要求各团队在课程第五周到第八周共三周时间内，以"互联网+"为背景，设计一款 App，并为该 App 撰写一份商业计划书。该商业计划书要求借鉴 4C（customer、cost、convenience、communication）营销理论，从消费者分析、成本分析、便利分析、沟通分析四个方面来完整、具体地阐述所设计 App 的市场背景、项目目的、产品功能与项目优势等，以此作为各团队参与课程的作业报告。

各团队在课程最后一周，即第八周内提交本团队的商业计划书，并在提交后现场完成本实验问卷的填写，以避免出现受试学生在填写过程中出现题目理解不清等问题，确保问卷数量与质量。经过对于问卷的筛查，在保证团队数据完整的基础上，剔除 3 名未参与团队任务的成员，最终保留 171 名学生，共计 42 个团队的有效问卷，团队问卷回收率达 100%，其中 4 人小组 39 支（占比 93%），5 人小组 3 支（占比 7%）。

6.3.3　问卷设计与变量测量

1. 问卷设计

实验调查问卷设计要遵循相应的规范，按照一定的流程完成。本书作者通过查阅所在高校图书馆、中国知网、百度学术、ResearchGate 等数据库和学术平台的大量权威期刊，通过整理并参考本书领域学者所提出的相关理论模型、变量概念及其测量方法，在明确本书相关变量定义及测量方法的基础上，结合具体实验情境，将其加入本实验研究的问卷以完成初始问卷的制定。之后，邀请本专业老师审阅问卷，并根据其所提出的意见和建议进行反复修改，最终完成本实验所用问卷的设计工作。上述问卷设计流程如图 6.2 所示。

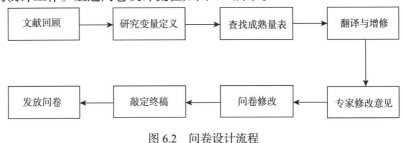

图 6.2　问卷设计流程

2. 变量测量

1）团队信任

团队信任的测量采用单维度测量方法，即让团队内每位成员写下其他成员的名字，分别对其他成员的信任程度直接进行评价。问卷会为受试者提供 5 种信任程度及相应的内容描述，信任程度由低到高分别对应数字 1 到 5，受试者根据信任等级内容描述，选择相应的数字对其他成员做出评价，数字越大代表受试者对该成员越信任。各个成员的对于其他成员的信任评价会汇总为一个团队信任矩阵，合计矩阵内所有数字并取平均值作为该团队的团队信任指标。信任程度描述具体内容见表 6.5。

表 6.5　信任程度描述

信任等级	信任程度及描述内容
1	我对这位队友没有任何信任可言：我的任何事上我都不会相信他/她。
2	我对这位队友不信任：我只在对我来说不重要的事情上相信他/她。
3	我对这位队友有一定的信任：我会愿意在一些事情上去相信他/她，只要这些事情对我来说不是非常重要。
4	我对这位队友很信任：我愿意在很多事情上相信他/她，包括对我来说很重要的事。
5	我完全信任这位队友：我愿意在任何事情上相信他/她，甚至包括对我来说非常非常重要的事。

2）交互记忆系统

Lewis 等开发设计的交互记忆系统量表被学界众多学者采用，经证实具有较高的信效度，因此，本章选用该量表作为交互记忆系统的测量量表。初始量表共计 15 个题项，各题项有五点选项。经过后续问卷数据分析，剔除 4 个不良题项后，保留 11 个题项作为团队交互记忆系统的测量指标。交互记忆系统初始测量量表见表 6.6。

表 6.6 交互记忆系统初始测量量表

测量变量	维度	编号	测量题项
交互记忆系统	专长度	TMS1	团队中各位成员都具有与任务有关的某方面专业知识。
		TMS2	我具有其他团队成员所不掌握的任务相关知识。（删除）
		TMS3	团队中各位成员在完成任务过程中各自负责不同的方面。
		TMS4	团队中各位成员所具有的专门知识都是完成任务所需要的。
		TMS5	我了解各位团队成员在具体方面的专长。
	可信度	TMS6	我能够舒服地接受来自其他团队成员的建议。
		TMS7	我确信团队中其他成员所掌握的任务相关知识是可信赖的。
		TMS8	我确信团队中其他成员在讨论过程中提出的信息是可靠的。
		TMS9	当其他团队成员提供信息后，我总想自己再检查一遍。（删除）
		TMS10	我不太相信团队内其他成员的专长。（删除）
	协调度	TMS11	一起工作时团队成员之间的协调做得很好。
		TMS12	任务完成过程中各位团队成员对于该做什么很少产生误解。
		TMS13	团队经常需要回头对已经完成的工作重新做一次。（删除）
		TMS14	任务完成过程中团队能够顺利且有效率地完成任务。
		TMS15	任务完成过程中团队成员对于如何完成任务体会到很多混乱。

3）社交关系网络集中度

社交关系网络集中度的测量采用直接测量方法，受试者将其他成员的名字写下之后，通过 Likert 5 点量表填写"在任务过程中，我与该成员分享知识或观点的频繁程度"和"在任务期间，您与该成员在个人社交方面沟通的频繁程度"两个问题，来分别完成工具型社交关系与情感型社交关系的测量，选项数字大小代表相应关系的密切程度。团队内各个成员的回答会汇总为团队工具型社交关系矩阵与团队情感型社交关系矩阵，并按照 1~3 程度归为 0，4~5 程度归为 1 的方法，将矩阵处理为"0~1"矩阵，通过使用 UCINET 6.0 软件，计算出各个团队两种社交关系网络的集中度数据。

4）团队绩效

团队绩效的测量包含团队有效性、团队效率与团队满意度三个维度。其中，团队有效性与团队效率分别包含两个题项，团队满意度为三个题项。团队成员根据题项内容对相应团队绩效维度做出评价，评价选项采用 Likert 5 点量表，最后通过计算各选项的平均值作为团队绩效指标数据。具体量表题项见表 6.7。

表 6.7 团队绩效测量量表

测量变量	维度	编号	题项
团队绩效	团队有效性	TP1	团队工作过程经常产生创造性的观点。
		TP2	团队做出了创新的成果。
	团队效率	TP3	团队总能找到更好的解决方案。
		TP4	团队能做出好的决策。
	团队满意度	TP5	我对团队其他成员感到满意。
		TP6	团队的工作氛围很好。
		TP7	团队成员的凝聚力很强。

6.4 实证分析

6.4.1 问卷收集情况统计

参与本章节实验的受试学生共计 174 人，剔除未完整参与整个实验过程的学生 3 名，共有 171 名学生完成本实验并填写实验问卷，其中女生 95 人，占比 56%，男生 76 人，占比 44%。经过随机分组并剔除不符合要求的学生后，最终共有 42 个学生小组参与本实验，其中包括 39 支 4 人小组，3 支 5 人小组。综上，本章共收集 171 名学生，42 支团队的问卷作为数据来源，个人层面问卷回收率达 98.3%，团队层面为 100%。具体问卷填写及数据收集情况见表 6.8。

表 6.8 问卷填写及数据收集情况统计

统计项目	项目数据
参与问卷填写学生总数	174
有效问卷保留数	171
女生总数	95
男生总数	76
参与问卷填写学生专业总数	4
参与问卷填写团队总数	42
4 人小组总数	39
5 人小组总数	3

6.4.2 变量检验与分析

1. 团队数据聚合检验

本章的变量数据均来自团队成员个人层面，而研究内容是从团队视角出发来探究各变量在团队层面的关系，因此在对各变量之间的关系进行分析检验时，需要将个体层面的数据聚合为团队数据。为了从个人层面获取团队数据，对所收集的个体层面数据要进行组内一致性检验，以分析个体层面数据是否满足聚合要求。在本章所涉及的相关变量中，团队信任采用单维度方法直接对团队层面的信任程度进行测量，因此可视为团队层面数据。社交关系网络集中度可通过相关工具计算得出，其数值为团队层面数据。交互记忆系统与团队绩效虽然为团队层面变量，但是各变量的测量题项均由成员个人填写，因此需要对上述两个变量进行聚合检验。

衡量数据满足聚合标准与否的常用指标包括组内一致性系数（R_{wg}）、组内一致性系数 ICC（1）与组间一致性系数 ICC（2）。其中，组内一致性（R_{wg}）是指受试者对于某一变量的测量有相同反应的程度；ICC（1）表示个体层面汇聚到团队层面的可信度水平，团队成员对某一变量的评分水平越相近，则该变量在这个系数上的得分越高；ICC（2）表示团队之间的得分差异性，系数越大，代表团队之间在某一变量上的评价差异性越大。一般而言，当组内一致性系数（R_{wg}）>0.70，ICC（1）>0.05，ICC（2）>0.70 时，个体层面聚合到团队层面的数据符合聚合要求。

交互记忆系统、团队绩效的数据聚合检验结果如表 6.9 所示。由表中数据可得：交互记忆系统的组内一致性系数（R_{wg}）为 0.98，大于临界值 0.7，ICC（1）为 0.17，大于临界值 0.05，ICC（2）为 1.44，大于临界值 0.70，因此交互记忆系统数据符合从个人层面到团队层面的聚合标准。团队绩效的组内一致性系数（R_{wg}）为 0.99，大于临界值 0.7，ICC（1）为 0.50，大于临界值 0.05，ICC（2）为 0.87，大于临界值 0.70，因此团队绩效的个人层面数据符合聚合到团队层面的统计要求。综上，交互记忆系统与团队绩效的个人层面数据可以有效聚合到团队层面，进而能够检验与其他团队层面变量的关系。

表 6.9　聚合检验结果

变量名	R_{wg}	ICC（1）	ICC（2）
交互记忆系统	0.98	0.17	1.44
团队绩效	0.99	0.50	0.87

2. 信度与效度分析

1）信度检验

信度是指利用问卷量表进行多次重复测量时，测量所得结果的稳定性程度，是衡量实验研究量表一致性与稳定性的重要参考。问卷量表的一致性是指通过同一量表测量所得数据的趋同程度，而稳定性是指同一受试者在不同时间多次重复填写同一量表后所产生数据的差异程度，差异程度越小，稳定性越高。量表信度的评价指标多为内部一致性系数（internal consistency reliability），检验指标为 Cronbach's α 系数，学者根据该系数的大小区间，对量表信度程度进行划分，具体系数值的划分区间及对应信度水平见表 6.10。

表 6.10　量表信度水平划分标准

Cronbach's α 系数区间	量表信度水平
$0.6 < \alpha < 0.7$	信度较好
$0.7 < \alpha < 0.8$	信度相当好
$\alpha > 0.8$	信度非常好

本章使用 SPSS 19.0 软件对各量表的 Cronbach's α 系数进行计算，所得结果如表 6.11 所示。由该表可知，交互记忆系统量表与团队绩效量表的 Cronbach's α 系数值分别为 0.883 和 0.868，均大于 0.8，表明这两个量表的信度非常好。

表 6.11　变量 Cronbach's α 系数

变量	题项数	Cronbach's α 系数	信度水平
交互记忆系统	11	0.883	非常好（大于 0.8）
团队绩效	7	0.868	非常好（大于 0.8）

2）效度检验

效度即量表的有效性程度，指量表内容能够准确反映所需变量内涵的程度，测量量表与所要测量内容的吻合程度越高，则该量表所具有的有效性越高。检验量表效度的分析方法包括探索性因子分析与验证性因子分析两种，其中探索性因子分析用于探索设计初期的量表结构，验证性因子分析则用于分析成熟量表效度和验证量表结构。因此，本书利用验证性因子分析方法检验交互记忆系统量表效度，对于团队绩效量表的效度分析，则同时采用上述两种方法。

（1）交互记忆系统量表效度。

本章使用 Amos 22.0 软件对交互记忆系统量表效度进行验证性因子分析，验证其结构效度（construct validity）。结构效度包括聚合效度与区别效度。其中，聚合效度又称收敛效度，是指使用不同测量方法对同一特征测定结果的相似程度，其判断标准包括量表各题项因子载荷值、组合信度（CR）值及平均方差提取（AVE）值；区别效度又称判别效度，是指利用不同测量方法对构念进行测定时，所产生的观测数据能够被有效区分。其检验标准为变量的平均方差提取（AVE）值算术平方根大于潜变量相关系数绝对值，即表示潜变量之间的内部相关性高于外部相关性。此外，在验证性因子分析中，也需要对相关适配度指标进行检验，以判断模型与实际数据的拟合程度。上述指标及其标准见表 6.12。

表 6.12　结构效度判断指标及标准

判断项	判断指标	判断标准
聚合效度	题项因子载荷	大于 0.5
	CR	大于 0.7
	AVE	大于 0.5
区别效度	$\sqrt{\text{AVE}}$	大于相关系数
拟合指标	χ^2/df	介于 1 与 3
	GFI	大于 0.9
	IFI	大于 0.9
	TLI	大于 0.9
	CFI	大于 0.9
	RESEA	小于 0.08

交互记忆系统聚合效度各判断指标结果如表 6.13 所示。由表可得，交互记忆系统量表各题项因子载荷均大于 0.5，组合效度（CR）值为 0.934，大于标准 0.7，平均方差提取（AVE）值为 0.568，大于标准 0.5，均符合各自指标判断标准，表明交互记忆系统聚合效度较好，平均方差提取（AVE）值的算术平方根也大于相应系数，表明量表区别效度较好。交互记忆系统量表的各项拟合指标也均符合数据要求，可以认为模型拟合较好。综上，可以认为交互记忆系统的结构效度良好。

表 6.13　交互记忆系统检验结果

测量指标	因子载荷	CR	AVE	$\sqrt{\text{AVE}}$	拟合指标
TMS1	0.784				
TMS2	0.631				
TMS3	0.715				$\chi^2/\text{df} = 1.326$
TMS4	0.747				GFI = 0.960
TMS5	0.854				IFI = 0.943
TMS6	0.917	0.934	0.568	0.754[1]	TLI = 0.919
TMS7	0.663				CFI = 0.940
TMS8	0.747				RESEA = 0.067
TMS9	0.684				
TMS10	0.891				
TMS11	0.583				

1）区别效度检验结果见表 6.16

（2）团队绩效量表效度。

对团队绩效量表进行探索性因子分析的前提是测量量表符合该方法的相关要求，即对数据进行 KMO 与 Bartlett 球形检验，其检验结果达到方法应用标准后，才能进行进一步的探索性因子分析。团队绩效的标准检验结果见表 6.14。由表可知，团队绩效量表的 KMO 值在 $p \leqslant 0.000$ 的水平上大于 0.7，符合进行探索性因子分析标准。本章利用 SPSS 19.0 软件中的主成分抽取法对团队绩效量表进行探索性因子分析，由表 6.15 中的数据可得，团队绩效各测量题项均落在相应指标上，因子载荷大于 0.5，表明测量题项与所测指标相关度较高，能够很好地体现团队绩效情况。

表 6.14　团队绩效检验结果

指标项	因子载荷 1	因子载荷 2	因子载荷 3	KMO 值	CR 值	AVE 值	$\sqrt{\text{AVE}}$	拟合指标
有效性								
TP1	0.258	**0.872**	0.141					
TP2	0.101	**0.878**	0.246					$\chi^2/\text{df} = 1.813$
效率								GFI = 0.918
TP3	0.100	0.222	**0.895**	0.752				IFI = 0.958
TP4	0.388	0.180	**0.782**	（$p <$ 0.001）	0.962	0.784	0.885[1]	TLI = 0.917
满意度								CFI = 0.956
TP5	**0.953**	0.095	0.110					RESEA = 0.041
TP6	**0.909**	0.263	0.202					
TP7	**0.900**	0.177	0.290					

1）区别效度检验结果见表 6.16

验证性因子分析所得结果见表 6.14。由表中数据可知，团队绩效量表组合效度（CR）为 0.962，大于标准 0.7，说明量表内在质量较好，平均方差提取（AVE）值为 0.784，大于标准 0.5，且算数平方根也高于其他系数，均符合各自指标判断标准，表明团队绩效量表聚合效度较好。模型拟合指标也均符合相关标准，说明模型拟合度较好。综上，可以认为团队绩效的效度水平较高。

3. 描述性统计与相关性分析

1）描述性统计分析

本章的理论模型共包含 5 个变量，分别为团队信任、交互记忆系统、团队绩效、工具型社交关系网络集中度、情感型社交关系网络集中度，各变量数据描述性统计分析见表 6.15。

表 6.15　各变量数据描述性统计分析

变量	样本量	极大值	极小值	均值	标准差
团队信任	42	5.00	3.42	4.321	0.423
交互记忆系统	42	4.750	3.00	4.075	0.323
团队绩效	42	4.675	2.850	4.250	0.334
工具型社交关系网络集中度	42	1.00	0.00	0.167	0.250
情感型社交关系网络集中度	42	1.00	0.00	0.452	0.311

2）相关性分析

在检验假设是否成立之前，首先需要对变量进行相关性分析，通过分析概念模型中各变量之间的相关关系，对假设关系进行初步判断。本章应用 SPSS 19.0 软件对模型变量相关关系进行计算，计算结果如表 6.16 所示。由表 6.16 中的数据可知，团队信任与交互记忆系统呈显著正相关关系，团队绩效与团队信任、交互记忆系统的关系均为显著正相关关系，基本符合上文所作假设。

表 6.16　模型变量相关系数表

变量	1	2	3	4	5
团队信任	—				
交互记忆系统	0.473**	（0.754）			
团队绩效	0.440**	0.676***	（0.885）		
工具型社交关系网络集中度	0.186	0.208	0.056	—	
情感型社交关系网络集中度	0.049	0.023	0.074	0.196	—

***表示 $p < 0.001$，**表示 $p < 0.01$，双尾检验显著

注：$N = 42$，括号内数据为对应变量的 $\sqrt{\text{AVE}}$ 值

6.4.3　假设检验

1. 效应检验

本章使用 SPSS 19.0 软件，利用最小二乘回归（Ordinary Least Squares，OLS）方法检验概念模型主效应关系，数据结果如表 6.17 所示。由表 6.17 中的模型 1 可知，团队信任对团队绩效存在显著的积极影响（$\beta=0.348$，$p<0.01$），H6.1 成立；模型 2 中数据表明，团队信任能够显著地正向影响交互记忆系统（$\beta=0.361$，$p<0.001$），H6.2 成立；模型 3 表明交互记忆系统对于团队绩效存在显著积极影响（$\beta=0.699$，$p < 0.001$），H6.3 成立。

表 6.17　主效应检验结果

路径关系	模型 1	模型 2	模型 3
团队信任 → 团队绩效	0.348**		
团队信任 → 交互记忆系统		0.361***	
交互记忆系统 → 团队绩效			0.699***
R^2	0.194	0.224	0.456
调整 R^2	0.173	0.204	0.443
F 值	9.606**	11.520***	33.574***

***表示 $p < 0.001$，**表示 $p < 0.01$，双尾检验显著

注：$N = 42$

2. 中介效应检验

变量中介效应检验方法除 Baron 和 Kenny（1986）提出的逐步检验方法之外，Bootstrap 方法逐渐得到更多学者的应用。Bootstrap 方法通过分析自变量对中介变量的回归系数 a 和中介变量对因变量的回归系数 b 以及两者的乘积结果是否显著，还有 $a \times b$ 的置信区间是否含 0 来判断中介变量所起的中介作用的显著性。应用这种方法能够获得更加精确的置信区间，同时还能够利用观测样本的分布情况替代总体分布，其数据不要求满足正态分布假设。由于本章样本量较小，属于小样本，因而无法确定上述系数 a，b 及其乘积项的正态分布性，故使用 Bootstrap 方法检验交互记忆系统的中介作用。

本章应用 SPSS 19.0 软件，利用 Bootstrap 方法对交互记忆系统的中介作用进行检验，检验结果见表 6.18。由表中数据可知，团队信任通过交互记忆系统作用于团队绩效的置信区间为 LLCI = 0.347，ULCI = 0.892，其中不含零值，表明交互记忆系统在团队信任与团队绩效关系中的中介作用显著，H6.4 成立。同时，团队信任对于团队绩效的直接作用并未显著，即置信区间包含零值（LLCI=0.087，ULCI=0.333），因此交互记忆系统的中介作用为完全中介。

表 6.18　交互记忆系统中介作用检验结果

变量	Coeff	BootSE	BootLLCI	BootULCI	R^2	F 值
团队信任	0.123	0.104	0.087	0.333	0.475***	17.648***
交互记忆系统	0.623	0.136	0.347	0.892		

***表示 $p < 0.001$

注：$N = 42$，Bootstrap size=5 000

3. 调节效应检验

本章应用 SPSS 19.0 软件构建多元回归分析模型来分析各变量的调节作用。将自变量与调节变量分别中心化后的乘积值作为交互项，并将其与自变量一起，对因变量进行回归。本章模型中的两个调节变量的调节效应结果见表6.19 与表 6.20。

1）工具型社交关系网络集中度的调节作用

由表 6.19 中的模型 4 可知，团队信任与工具型社交关系网络集中度的交互项对交互记忆系统存在显著正向影响（$\beta=1.921$，$p<0.01$），同时 ΔR^2 在 $p<0.01$ 的水平上显著，表明工具型社交关系网络集中度对于团队信任与交互记忆系统的关系能够起到正向调节作用，H6.5a 成立。模型 5 的结果表明交互记忆系统与工具型社交关系网络集中度的交互项对团队绩效并未存在显著正向影响（$\beta=0.183$，$p>0.05$），因此工具型社交关系网络集中度对于交互记忆系统与团队绩效的关系不存在调节作用，H6.5b 未成立。

表 6.19　工具型社交关系网络集中度调节作用分析

路径关系	模型 4	模型 5
团队信任 → 交互记忆系统	0.450***	
工具社交关系网络集中度 → 交互记忆系统	0.063	
团队信任×工具社交关系网络集中度 → 交互记忆系统	1.921**	
交互记忆系统 → 团队绩效		0.696***
工具型社交关系网络集中度 → 团队绩效		0.116
交互记忆系统×工具型社交关系网络集中度 → 团队绩效		0.183
R^2	0.415	0.446
调整 R^2	0.368	0.423
ΔR^2	0.176**	0.002
F 值	8.972***	11.035***

***表示 $p<0.001$，**表示 $p<0.01$

注：$N=42$

2）情感型社交关系网络集中度的调节作用

情感型社交关系网络集中度的调节作用分析结果见表 6.20。由表中模型 6 可知，团队信任与情感型社交关系网络集中度的交互项对交互记忆系统并未存在显著正向影响（$\beta=0.384$，$p>0.05$），表明情感型社交关系网络集中度对于团队信任与交互记忆系统的关系并未起到调节作用，H6.6a 未成立。由模型 7 可知，交互记忆系统与情感型社交关系网络集中度的交互项对团队绩效存在显著负向影响（$\beta=-1.588$，$p<0.05$），同时 ΔR^2 在 $p<0.01$ 的水平上显著，表明情感型社交

关系网络集中度对于交互记忆系统与团队绩效的关系能够起到负向调节作用，H6.6b 成立。

表 6.20　情感型社交关系网络集中度调节作用分析

路径关系	模型 6	模型 7
团队信任 → 交互记忆系统	0.323***	
情感型社交关系网络集中度 → 交互记忆系统	0.032	
团队信任×情感型社交关系网络集中度 → 交互记忆系统	0.384	
交互记忆系统 → 团队绩效		0.592***
情感型社交关系网络集中度 → 团队绩效		0.068
交互记忆系统×情感型社交关系网络集中度 → 团队绩效		−1.588*
R^2	0.245	0.576
调整 R^2	0.185	0.543
ΔR^2	0.019	0.112**
F 值	4.112*	17.232**

***表示 $p<0.001$，**表示 $p<0.01$，*表示 $p<0.05$
注：$N=42$

4. 假设检验结果汇总

根据本节中的概念模型假设检验结果可知，提出的 7 个假设中，关于调节作用的 H5.5b，H6.6a 的检验结果未成立，其余假设均得到数据支持并成立。假设检验结果汇总如表 6.21 所示。

表 6.21　假设检验结果汇总

假设序号	假设内容	检验结果
H6.1	团队信任正向影响团队绩效	成立
H6.2	团队信任正向影响交互记忆系统	成立
H6.3	交互记忆系统正向影响团队绩效	成立
H6.4	交互记忆系统在团队信任与团队绩效之间起中介作用	成立
H6.5a	工具型社交关系网络集中度正向调节团队信任与交互记忆系统之间的关系	成立
H6.5b	工具型社交关系网络集中度正向调节交互记忆系统与团队绩效之间的关系	未成立
H6.6a	情感型社交关系网络集中度负向调节团队信任与交互记忆系统之间的关系	未成立
H6.6b	情感型社交关系网络集中度负向调节交互记忆系统与团队绩效之间的关系	成立

6.5　实证结果讨论

6.5.1　模型主效应结果

1）团队信任对于团队绩效的作用

H6.1 提出团队信任正向影响团队绩效。由主效应检验结果（表 6.17）中的模型 1 可知，团队信任对团队绩效存在显著正向影响作用，该结果支持假设 6.1 成立。成员之间存在的信任关系能够提高团队成员的安全心理感知，降低成员对自身行为及其他成员行为的风险担忧，在这样的心理氛围当中，成员能够更加开放和自由地参与团队讨论，有利于团队创造力的提升，这对于 App 设计工作来说十分重要。再者，根据社会交换理论中的互惠原则，当团队成员之间的信任水平较高时，成员之间能够更加开放和顺畅地进行信息交换和共享行为，提高团队协作过程的效率及团队产出的质量。在 App 设计团队当中，设计工作的完成不仅依赖成员自身的专长，同时也依赖成员之间的通力合作。高水平的团队信任意味着成员之间对于彼此专长的认可，这样的认可能够让团队成员在协作过程中更加关注自身所需的信息内容，而不用过多考虑信息是否可靠，有利于提升协作过程的效率水平，保障团队产出的质量。因此，团队信任能够正向影响 App 设计团队的团队绩效。

2）团队信任对于交互记忆系统的作用

H6.2 提出团队信任正向影响交互记忆系统。由主效应检验结果（表 6.17）中的模型 2 可知，团队信任对交互记忆系统存在显著正向作用，该结果支持假设 6.2 成立。团队信任能够通过影响交互记忆系统的结构部分与过程部分来影响 App 设计团队中的交互记忆系统形成机制。对于交互记忆系统的结构部分，团队信任为团队成员带来的安全心理氛围和低风险感知使得团队成员更加主动和积极地向其他成员寻求与设计工作任务相关的信息。在这个过程中，设计团队的成员能够主动了解到团队内的知识分布情况，进而促进成员对团队知识目录的建立和更新；在交互记忆系统的过程部分中，成员根据知识目录与相应成员进行设计工作协作，而他们之间的信任关系则能够增加彼此对于专长信息的可信度感知，减少该过程中的冲突和怀疑，有利于协作过程的进行。因此，团队信任能够正向影响交互记忆系统。

3）交互记忆系统对于团队绩效的作用

H6.3 提出，交互记忆系统正向影响团队绩效。由主效应检验结果（表 6.17）中的模型 3 可知，交互记忆系统对团队绩效存在显著正向影响，该结果支持 H6.3 的成立。在 App 设计工作当中，团队所面临的问题往往是复杂且非结构化的，在这种情况下，成员很难独立完成工作任务，需要依靠相互之间的分工协作。交互记忆系统的发展和建立能够有效帮助 App 设计团队成员明确分工，并以此进行任务协作，有利于团队高效整合把成员工作成果变为产品方案。同时，交互记忆系统有助于成员减轻记忆负担，将更多资源投入自身专业的学习当中，提高个人工作产出质量，进而保证团队产出质量，提高团队绩效。因此，交互记忆系统能够正向影响团队绩效。

6.5.2　模型中介效应结果

H6.4 提出，交互记忆系统在团队信任与团队绩效之间的关系中起中介作用。由中介效应检验结果表（表 6.18）可知，交互记忆系统 Bootstrap 结果的置信区间中未含零值，表明交互记忆系统的中介作用存在，同时根据团队信任与团队绩效关系的置信区间数值可知，该中介作用为完全中介作用，该结果支持 H6.4 成立。

由主效应检验结果可知，团队信任对团队绩效及交互记忆系统均呈积极影响，而交互记忆系统的完全中介作用表明团队信任对团队绩效的影响能够由交互记忆系统全部解释，这意味着团队信任对于团队绩效的影响会全部作用于交互记忆系统，进而影响团队绩效。App 设计工作属于知识密集型工作，这类工作的完成主要是通过团队成员根据各自分工内容协作完成，因此团队信任对 App 设计团队绩效的提升主要通过促进团队成员交流和协作来完成，而成员之间有效的沟通协作正是团队交互记忆系统形成和发展的必要条件，所以，交互记忆系统能够在团队信任与团队绩效关系中起到中介作用。

6.5.3　模型调节效应结果

1. 工具型社交关系网络集中度

H6.5a 提出，工具型社交关系网络集中度正向调节团队信任与交互记忆系统之间的关系。由该社交关系网络集中度的调节作用分析结果可知，工具型社交关系网络集中度对于团队信任与交互记忆系统之间的关系存在显著的正向调节作用，H6.5a 成立。本书认为，团队信任正向影响交互记忆系统的机制在于，成员之间的信任关系有助于减轻参与沟通行为的风险感知，使其能够更主动地参与交流活动，而在高集中度的工具型社交关系网络中，成员利用该网络提供和获取任务相关信息，集中度越高，表明越多成员与中心成员建立联系，因此，位于该网络中心的成员可以利用自身的网络位置优势，以及自身所掌握的丰富经验或专长，有效地激励其他成员参与知识交流和沟通活动，从而增强团队信任对于交互记忆系统的影响作用，即工具型社交关系集中度越高，团队信任与交互记忆系统的影响作用就越大。

H6.5b 提出，工具型社交关系网络集中度正向调节交互记忆系统与团队绩效之间的关系。由该社交关系网络集中度的调节作用分析结果可知，工具型社交关系网络集中度对于交互记忆系统与团队绩效之间的关系并未存在显著的调节作用，H6.5b 未成立。原因可能在于，位于网络结构中心的成员并不能够有效帮助其他成员更好地完成工作任务，从而无法显著增强交互记忆系统对于团队绩效的影响。在 App 设计团队成员根据分工内容协作完成工作任务的过程中，会受到时间等资源的限制，为了应对这些资源限制的压力，各个成员可能会把大部分注意力放在个人工作的完成上，并且由于成员知识目录已经建立，可能导致成员只在最后的产出整合过程中与掌握所需专长信息的特定成员进行联系，即可获得所需信息，而非仅限于专家成员；另外，专家成员自身精力有限，并不能够保证对成员的帮助实现团队覆盖，在这种情况下，工具型社交关系网络并不能有效提升团队整体的协作水平，而仅局限在部分成员之间。因此，工具型社交关系网络集中度对于交互记忆系统与团队对绩效之间的关系并未产生显著调节作用。

2. 情感型社交关系网络集中度

H6.6a 提出，情感型社交关系网络集中度负向调节团队信任与交互记忆系统之间的关系。由该社交关系网络集中度的调节作用分析结果可知，情感型社交关系网络集中度对于团队信任与交互记忆系统之间的关系并未存在显著的调节作用，H6.6a 未成立。原因可能在于，团队信任对交互记忆系统形成和发展所起到的积极作用主要是通过促进成员之间在专长认知方面的沟通和交流，帮助成员建立知识目录，而非通过促进情感方面的沟通联系，而情感型社交关系主要是成员因情感交流而产生的联系，所以情感型社交关系网络的集中度无论高还是低，对于 App 设计团队成员在专长和知识方面的沟通交流并未产生影响。因此，情感型社交关系网络集中度并不能显著调节团队信任与交互记忆系统之间的关系。

H6.6b 提出，情感型社交关系网络集中度负向调节交互记忆系统与团队绩效之间的关系。由该社交关系网络集中度的调节作用分析结果可知，情感型社交关系网络集中度对于交互记忆系统与团队绩效之间的关系存在显著的负向调节作用，H6.6b 成立。在 App 设计团队当中，集中度高的情感型社交关系网络会使团队成员不断对自身行为进行纠正，以使成员自身在心理感知上与其他成员归为一类，在这种情况下，成员对于新事物，尤其是对新信息的接受会产生滞后性，阻碍成员利用交互记忆系统进行协作活动，而当网络集中度较低时，成员能够与更多的成员进行情感方面的沟通和联系，有利于减弱成员的社交控制感，提升其工作动机。因此，情感型社交关系网络集中度越高，交互记忆系统对于团队绩效的促进作用就越弱。

6.6 事后分析

在本章当中，因变量团队绩效包括三个维度，分别为团队有效性、团队效率和团队满意度。在有关绩效分类的研究当中，Borman 和 Motowidlo（1993）将绩效分为两种类型，包括任务绩效和情境绩效，前者指团队成员在工作中产生的结果，后者指不属于任务范畴但对提升团队绩效有重要影响的成员的自发行为或态度。根据 Borman 和 Motowidlo（1993）对于绩效的分类，团队有效性和团队效率可以归为任务绩效，分别反映团队创造力和团队能力，团队满意度可以作为情境绩效，反映团队成员继续参与当前团队工作的意愿。不同类型的绩效能够反映绩效的不同维度，并且其他变量的对不同类型的绩效作用效果也可能不同。因此，本书认为有必要将团队绩效的每个维度单独剥离出来成为一个独立的因变量，即将团队有效性、团队效率和团队满意度分别作为因变量放入模型中。通过与原概念模型结果进行对比，本书能够更加精确地分析各变量对于 App 设计团队绩效的作用机制。使用 SPSS 19.0 软件，利用逐步回归方法，将团队有效性、团队效率和团队满意度分别作为因变量重新分析模型结果。事后分析的结果见表 6.22 至表 6.24。

6.6.1 团队有效性作为因变量

根据表 6.22，模型 1 中团队信任能够显著正向影响团队有效性（$\beta = 0.133$，$p < 0.01$），但模型 4 中交互记忆系统和团队有效性之间的关系不显著（$\beta = 0.382$，$p > 0.05$）。模型 1 至模型 4 的结果表明团队信任和团队有效性之间不存在交互记忆系统的中介作用，该结果表明团队信任能够直接对 App 设计团队有效性产生积极影响，没有其他变量的中介或调节作用。

本书认为，App 设计团队的团队有效性集中在团队创造力上，它强调从个人和团队中产生新颖和有用的想法。在想法产生过程中，信任可以促进团队成员之间的沟通，并促进成员进行信息处理行为，从而有助于创造性的解决方案的提出。信任他人的团队成员可以将更多的注意力放在创新想法的构思上，同时，其他人可能更愿意考虑并采纳他们所信任的人的想法，这样一来，团队信任处于高水平时更有利于团队成员创造性地发挥和施展，并且在创新方案的构思过程中，成员之间并不依赖知识协调过程。因此，对 App 设计团队而言，团队信任能够直接影响团队有效性水平。模型 5、模型 6 和模型 8 的结果与前文一致，在此不赘述，同时，由于在模型 7 中，交互记忆系统与团队有效性并未显著相关（$\beta = 0.294$，$p > 0.05$），因此对于该关系的调节作用也会不显著，故此不予赘述。

表 6.22 团队有效性作为因变量的模型结果

路径关系	模型 1	模型 2	模型 3	模型 4	模型 5	模型 6	模型 7	模型 8
团队信任 → 团队有效性	0.133**			0.005				
团队信任 → 交互记忆系统		0.361***			0.450***			0.323**
交互记忆系统 → 团队有效性			0.379*	0.382		0.410*	0.294	
工具型社交关系网络集中度 → 交互记忆系统					0.063			
工具型社交关系网络集中度 → 团队有效性						0.272		
团队信任×工具型社交关系网络集中度→ 交互记忆系统					1.921**			
交互记忆系统×工具型社交关系网络集中度→ 团队有效性						0.112		
情感型社交关系网络集中度 → 交互记忆系统								0.032
情感型社交关系网络集中度 → 团队有效性							0.063	
团队信任×情感型社交关系网络集中度→交互记忆系统								0.384
交互记忆系统×情感型社交关系网络集中度→ 团队有效性							1.266	
R^2	0.024	0.224	0.112	0.112	0.415	0.146	0.176	0.245
调整 R^2	0.001	0.204	0.090	0.067	0.368	0.079	0.111	0.185
ΔR^2					0.176**	0.145	0.059	0.019
F 值	0.971	11.520***	5.046*	2.461	8.972***	2.165	2.714	4.112*

***表示 $p < 0.001$，**表示 $p < 0.01$，*表示 $p < 0.05$

注: $N = 42$

6.6.2 团队效率作为因变量

在本书当中，App 设计团队绩效的效率维度与团队解决问题的能力相关，问题解决能力取决于团队成员的专业水平及相互之间的协作质量。表 6.23 中的模型 1 到模型 4 表明，在团队信任和团队效率之间的关系中，交互记忆系统扮演着完全中介的角色，该结果表明交互记忆系统有利于团队成员建立认知分工，提高知识协作效率，并且信任对团队效率的积极作用基本通过交互记忆系统实现。

模型 5 和模型 6 的结果表明，工具型社交关系网络集中度和情感型社交关系网络集中度对团队信任和交互记忆系统之间的关系的调节效应的结果与原模型相同。模型 8 表明，情感型社交关系网络对团队信任与交互记忆系统之间关系的调节效果不显著，这与之前的结果相同，在此不予赘述。模型 7 表明，交互记忆系统和情感型社交关系网络集中度的交互项对团队效率的影响并未达到显著水平（β=

0.285，$p > 0.05$）。团队成员之间的情感型社交关系主要是情感资源流动的渠道，它们对成员之间进行专业知识整合和知识协作所提供的帮助可能并不明显，因此，情感型社交关系网络并未对交互记忆系统提高团队效率的机制产生有效影响。

表 6.23 团队效率作为因变量的模型结果

路径关系	模型 1	模型 2	模型 3	模型 4	模型 5	模型 6	模型 7	模型 8
团队信任 → 团队效率	0.240*			0.081				
团队信任 → 交互记忆系统		0.361***			0.450***			0.323**
交互记忆系统 →团队效率			0.491***	0.442**		0.648*	0.475**	
工具型社交关系网络集中度 → 交互记忆系统					0.063			
工具型社交关系网络集中度 →团队效率						0.387*		
团队信任×工具型社交关系网络集中度→ 交互记忆系统					1.921**			
交互记忆系统×工具型社交关系网络集中度→团队效率						0.802		
情感型社交关系网络集中度 → 交互记忆系统								0.032
情感型社交关系网络集中度 →团队效率							0.117	
团队信任×情感型社交关系网络集中度→ 交互记忆系统								0.384
交互记忆系统×情感型社交关系网络集中度→团队效率							0.285	
R^2	0.103	0.224	0.253	0.262	0.415	0.374	0.268	0.245
调整 R^2	0.081	0.204	0.234	0.224	0.368	0.325	0.214	0.185
ΔR^2					0.176**	0.037	0.004	0.019
F 值	4.618*	11.520***	13.552***	6.927**	8.972***	7.570***	4.722**	4.112*

***表示 $p < 0.001$，**表示 $p < 0.01$，*表示 $p < 0.05$
注：$N = 42$

6.6.3 团队满意度作为因变量

表 6.24 中各模型结果所表示的各变量关系与原模型结果相似。具体而言，模型 1 至模型 4 表明团队信任对团队满意度存在显著正向影响，且交互记忆系统在该关系中起到完全中介作用。团队信任可以为团队成员提供人际关系和团队工作的安全心理氛围，同时为团队成员提供更多的归属感，有利于提高成员继续参与团队后续工作的意愿及成员的团队满意度。一个完善的交互记忆系统意味着团队成员之间能够顺畅地进行沟通交流，减少交互过程中的冲突，进而有利于提高成

员的满意度。交互记忆系统在团队信任和团队满意度关系中的完全中介作用意味着团队信任的积极作用完全通过交互记忆系统实现。

表 6.24 团队满意度作为因变量的模型结果

路径关系	模型 1	模型 2	模型 3	模型 4	模型 5	模型 6	模型 7	模型 8
团队信任 → 团队满意度	0.563**			0.236				
团队信任 → 交互记忆系统		0.361***			0.450***			0.323**
交互记忆系统→团队满意度			1.051***	0.904**		0.918***	0.868***	
工具型社交关系网络集中度 → 交互记忆系统					0.063			
工具型社交关系网络集中度 →团队满意度						0.169		
团队信任×工具型社交关系网络集中度→ 交互记忆系统					1.921**			
交互记忆系统×工具型社交关系网络集中度→团队满意度						0.886		
情感型社交关系网络集中度 → 交互记忆系统								0.032
情感型社交关系网络集中度 →团队满意度							−0.043*	
团队信任×情感型社交关系网络集中度→ 交互记忆系统								0.384
交互记忆系统×情感型社交关系网络集中度→团队满意度							2.673**	
R^2	0.226	0.224	0.459	0.489	0.415	0.482	0.603	0.245
调整 R^2	0.206	0.204	0.445	0.463	0.368	0.441	0.571	0.185
ΔR^2					0.176**	0.018	0.141**	0.019
F 值	11.648**	11.520***	33.889***	18.695***	8.972***	11.795***	16.721***	4.112*

***表示 $p < 0.001$，**表示 $p < 0.01$，*表示 $p < 0.05$
注：$N = 42$

模型 5、模型 6 及模型 8 中的结果依旧与原模型相同，在此不予展开。至于模型 7 中关于情感型社交关系网络集中度对于交互记忆系统与满意度关系的显著负向调节效应，其原因可能为在高集中度的情感型社交关系网络中，大多数团队成员会选择与中心成员交流，造成这些边缘成员之间的关联程度降低而距离感增加，在这种情况下，团队成员可能会过多地感受到来自中心成员的社交控制，进而增加成员在交互记忆系统中进行协作的难度，造成成员对团队的不满。

第7章　研究结论与展望

7.1　研究结论

本书以 App 设计团队为研究对象，着眼于交互记忆系统理论，并结合社交关系等相关理论，探究其在团队信任与团队绩效关系中的形成和作用机理及边界条件，进一步明确 App 设计团队当中的认知协作机制。本书对以下两个问题进行了探究。

（1）交互记忆系统的形成机制。即团队信任对交互记忆系统的影响，以及工具型与情感型社交关系网络集中度是否及如何调节团队信任与交互记忆系统之间的关系？

（2）交互记忆系统的作用机制。即交互记忆系统与团队绩效的关系，以及工具型与情感型社交关系网络集中度是否及如何调节交互记忆系统与团队绩效之间的关系？

针对以上两个问题，本书以大连某高校学院 171 名大二及大三学生为研究对象，随机将其分为 4 人或 5 人小组，共形成 42 个学生团队，并利用其专业课程完成本书实验内容。实验结束后，利用问卷调查方式收集所需数据，并应用 SPSS 19.0 软件及 Amos 22.0 软件对数据进行检验、分析，并针对概念模型进行相应的实证分析，分析结论如下。

1. 交互记忆系统的形成机制

1）团队信任的作用

团队信任对交互记忆系统的形成和发展存在显著的正向作用。交互记忆系统的形成和发展依赖于成员之间对彼此专长的确认，并以此为基础开展协同工作。对于 App 设计团队这样的知识密集型团队而言，成员之间的配合与协作对于团队任务更加重要。成员确认彼此专长的前提是与他人进行有效的沟通，团队信任则能够为这样的活动提供有利条件。成员之间的信任关系不仅能够使其与他人更加积极主动地进行交流，同时也能够增强对他人专长的可信度感知，从而有效促进团队交互记忆系统的发展。

2）社交关系的作用

工具型社交关系网络集中度显著正向调节团队信任与交互记忆系统之间的关系。该社交关系网络的集中度越高，团队信任对于交互记忆系统的作用就越强。工具型社交关系主要是成员沟通任务相关信息所产生的关系形式，这种关系网络的集中度越高，表明团队当中有越多的人与中心成员建立联系。在 App 设计团队当中，位于该关系网络中心位置的成员能够利用其位置因素，有效发挥自身丰富的经验和专长优势，激励其他成员参与知识交流与分享互动，增强团队信任对于团队成员沟通的积极作用，有利于成员更好地建立知识目录，以此正向调节团队信任对交互记忆系统的作用。

情感型社交关系网络集中度不能显著调节团队信任与交互记忆系统之间的关系。该社交关系网络集中度无论高低，对于团队信任与交互记忆系统之间的关系都不会产生影响。在 App 设计团队中，交互记忆系统的建立依赖由团队信任等因素带来的成员高频知识共享行为，而情感型社交关系是成员收发情感相关资源的渠道，如社交支持等，对于成员的知识共享行为可能不会起到直接的促进作用，因此对于团队信任与交互记忆系统的关系并不存在显著调节效应。

综上所述，交互记忆系统的形成不仅会受到来自团队信任方面情感因素的影响，也会受到工具型社交关系方面的知识交互影响。团队信任能够促进 App 设计团队交互记忆系统的形成和发展，并且当团队工具型社交关系网络集中度处于较高水平时，团队信任对于交互记忆系统的积极作用会更加明显。

2. 交互记忆系统的作用机制

1）对团队整体绩效的作用

交互记忆系统对团队绩效存在显著的正向作用。App 设计团队所面临的设计工作往往属于无明确解决方案的工作，这类工作的完成离不开成员的通力配合。当 App 设计团队内形成交互记忆系统时，成员能够通过知识目录来进行任务信息的定向分配与应用，从而更好地发挥各个成员不同的专长，使其能够让个人专长知识在自己的分工内容中发挥最大效应，有效促进团队绩效水平的提升。

工具型社交关系网络集中度并未显著调节交互记忆系统与团队绩效之间的关系。该社交关系网络集中度无论高低，都不会显著影响交互记忆系统对于团队绩效的作用机制。在 App 设计团队当中，成员在面临一定任务压力时，可能会选择优先完成个人工作，之后只与其他掌握所需信息的成员，而不仅仅是与中心成员进行任务协作。同时，中心成员也无法保证能够利用其网络位置、发挥其专长优势来帮助每位成员进行任务协作。在这种情况下，工具型社交关系可能仅限于成员两两之间而非涌现为团队网络。交互记忆系统提升团队绩效的机制是通过提升成员协作效率，因此高或低集中度的工具型社交关系网络均无法提高交互记忆系统对团队绩效的效用。

情感型社交关系网络集中度能够显著负向调节交互记忆系统与团队绩效之间的关系。该社交关系网络的集中度越低，团队信任对于交互记忆系统的作用就越强。App设计团队绩效的提升依赖于交互记忆系统所带来的成员协同效率提升，在集中度高的情感型社交关系网络中，成员在社交分类心理机制的影响下，会对团队新内容的接受产生抵触和抗拒，进而影响其积极工作动机，并为成员之间的协同带来障碍，而在集中度低的网络中，成员对于社交控制感知较少，会更加愿意参与团队协作，从而为交互记忆系统提升团队绩效创造有利条件。

综上所述，交互记忆系统的作用机制会通过成员之间高效的知识协作实现，也会受到情感型社交关系等情感因素的影响。App设计团队交互记忆系统能够显著提升团队绩效水平，并且当团队情感型社交关系网络集中度处于较低水平时，交互记忆系统对团队绩效的提升作用会更加明显。

2）对不同维度绩效的作用

事后分析部分通过对于交互记忆系统及其他变量与不同绩效维度关系的探究，为交互记忆系统的作用机制提供了更进一步的细化解释。分析结论表明，交互记忆系统能够显著影响绩效的团队效率和满意度，而不存在对于团队有效性的显著作用。团队有效性主要关注App设计团队的创造能力，交互记忆系统与该维度的关系则说明，团队成员通过交互记忆系统所进行的认知分工和知识协作，对于App设计团队的创造能力没有明显提升，但是能够显著提升团队的工作效率及成员参与协作过程的满意度。此外，情感型社交关系网络集中度只存在对交互记忆系统与满意度关系的调节作用，该结果进一步印证了，低水平集中度的情感型社交关系网络能够正向影响成员对于团队成员和团队协作方面的评价。

7.2　研究贡献

7.2.1　理论贡献

本书以交互记忆系统理论为基础，同时结合其他相关理论，将团队信任作为自变量，交互记忆系统作为中介变量，社交关系网络集中度作为调节变量，团队绩效作为因变量，构建App设计团队认知协作机制模型。通过对该模型进行实证研究，本书探究了团队信任、交互记忆系统与团队绩效之间的关系，以及社交关系网络对于上述关系的调节作用，揭示交互记忆系统的形成和作用机制，为App设计团队如何通过提高团队信任和构建合理社交关系网络结构来促进交互记忆系统形成和发展，进而提升团队认知协作提供了理论补充。

交互记忆系统作为解释团队认知分工和知识协作过程的重要理论，被广泛应用于团队认知协作方面的研究。本书将交互记忆理论应用于 App 设计团队认知协作机制的研究中，并以团队信任为前置变量，两种社交关系网络为调节变量，具体分析交互记忆系统的形成机制。同样地，本书也通过分析交互记忆系统与团队绩效的关系，以及社交关系网络对于该关系的影响，揭示了交互记忆系统的作用机制。在这方面，本书通过事后分析，表明交互记忆系统对于不同维度的绩效作用不一，具体而言，交互记忆系统能够显著影响绩效的团队效率与满意度两个维度，而情感型社交关系网络对于上述关系的调节也呈现不同的作用。该结论从更加细化的角度为交互记忆系统的作用机制提供了理论启示。

社交关系作为团队成员之间流动各类资源的渠道，在各类团队工作过程中发挥着独特作用。以往对于社交关系的研究主要集中在个人层面，从个体角度探究其社交关系的影响作用。本书利用构形方法，将社交关系从个体层次聚合到团队层次，利用社会网络分析方法探究团队层面的社交关系网络如何影响 App 设计团队的团队过程，不仅为社交关系相关研究提供了方法补充，同时也提供了新的研究情境。再者，社交关系网络集中度这一调节变量的引入为进一步探究团队信任如何通过影响交互记忆系统来影响团队绩效的内在机制提供了新的理论视角，丰富了交互记忆系统与创新绩效研究的相关文献。

7.2.2　实践贡献

根据本书的研究结果，App 设计团队交互记忆系统的发展程度越高，团队绩效水平也会随之显著提升，同时，团队内的情感型社交关系网络集中度越低，交互记忆系统对团队绩效的提升作用会越明显。这一结果表明，建立和发展交互记忆系统对于提升 App 设计团队的团队绩效具有重要意义。因此，在 App 设计团队实践中，要重视团队交互记忆系统的建立，可通过鼓励成员参与任务沟通和交流讨论，来提高成员之间对于彼此专长领域的熟悉度；明确每位成员的专长及职责内容，让每位成员不仅能够利用自身专长完成自己的工作内容，也能够在需要帮助时迅速找到对应成员咨询；及时为其他需要自身专长知识的成员提供帮助。在这方面，App 团队可以通过茶话会、座谈会等方式来为成员之间的专长确认提供机会，从而帮助团队成员建立和完善交互记忆系统。同时，团队中的较高集中度的情感型社交关系网络，会对团队绩效的提升产生抑制作用，不利于成员创造力的发挥，因此 App 设计团队可以通过定期团建活动等来增加队内成员之间的情感互动，并注重消除成员心理隔阂，避免出现情感网络中心成员，以降低该类型社交关系网络的集中度，加强交互记忆系统对于团队绩效的促进作用。

团队信任对交互记忆系统的积极作用也为促进 App 设计团队交互记忆系统的形成和发展提供了实践启示，同时，工具型社交关系网络在集中度高时，会对上述关系产生促进作用，因此，在 App 设计团队的工作实践中，应注重在团队中加入经验丰富或能力强的成员，并让其他成员与其建立联系，可以通过设置专门的答疑会等方式，为其他成员向中心成员寻求相关工作建议创造渠道，使团队内的工具型社交关系网络高度集中化，进而有利于团队交互记忆系统的建立和完善。

另外，App 设计团队的团队信任水平越高，团队绩效也会随之提高。App 设计工作的完成依赖于成员之间的默契配合和任务协作，而他们进行这些协作活动的前提和基础是顺畅交流和沟通。团队信任能够为成员之间的高效互动创造有利条件，降低互动过程中的不确定性和风险感知，缓和成员因意见不一致等情况而出现的冲突，保障设计工作的正常进行和团队产出的质量水平。因此，在 App 设计团队内为成员之间信任关系的建立提供条件很有必要，尤其是对于那些以虚拟团队或地理隔离团队为形式的 App 设计团队，信任的建立对于这类团队而言本身就是一个挑战。在实践过程中，该类型团队的成员及管理者要重视团队信任的建立和提升，可以通过一系列的团建活动等让成员之间相互感知到对方身上的可信特质，如正直、能力等，同时及时消除冲突等损害团队信任的不利因素，从而实现通过对团队信任的管理来提升交互记忆系统水平，进而帮助团队产出。

7.3 研究不足与展望

本书通过实证分析对所研究的理论模型进行了分析，探究了各变量之间的作用关系，从理论和实践方面做出了一定贡献。不过，回顾本书的理论模型及实验设计，该研究仍存在不足。

（1）本书结论的普适性问题。结论普适性问题主要来自两个方面：一方面，本书所用的数据均来自学生团队，并且参与本书实验的学生数仅有 171 名，共 42 个团队，样本数量偏少，数据结论的代表性不高；另一方面，本书的受试者为高校在校大学生，所用数据也均来自学生 App 设计团队，这样的实验条件与企业当中实际的 App 设计开发团队可能存在一定差距，学生在实验中所完成的工作与实际情况也会存在较大出入，造成结论普适性不高的问题。

（2）本书将团队任务的完成过程视为单一过程，而在实际的 App 设计工作中，任务的完成包括两个阶段：第一个阶段是成员对所要进行的设计工作提出观点的过程，这一阶段中，成员会不断提出新的想法和观点，处于思维发散阶段；第二个阶段是成员确定 App 设计方向后，以此为出发点，聚焦团队共同的观点进行思考和创新，处于观点收敛的阶段。在这两个阶段中，不同变量因素所起到的作用可能不同，数据的实证分析结果只能代表最终的变量关系，无法具体到每个过程进行分析。

（3）本书将社交关系分为两种类型分别进行研究，并得出了具体的结论。然而在实际的团队当中，成员之间社交关系会更加复杂，并不是只有工具型与情感型两种，而是多种关系相互交错，其中并没有明显的界限和分类标准。

针对以上三点不足，本书提出以下建议，希望未来的研究可以借鉴。

（1）提高样本量，并以企业中实际的 App 开发团队为实验对象收集实验数据。企业中的 App 开发团队所要解决的问题更加面向市场和用户，实际的设计工作过程更加规范，成员之间的交互更多会集中在工作上，而不会像学生团队一样受到太多干扰，因此，对这类有一定生产力的团队进行研究，能够有效保证研究结论的普适性。

（2）增加样本数据的收集次数。在进行实验设计时，可以人为地将任务完成过程分成两部分，并在两个部分结束时分别进行实验问卷的收集，采用纵向研究方法进一步明晰在不同过程中研究变量的相关关系，从而为模型变量关系提供动态化的解释。

（3）在研究团队社交关系时，可以对其进行进一步的分类，如根据社交关系中的单一资源关系分类，探究多种不同的单一资源社交关系与其他变量之间的关系，从而对社交关系作用的相关研究进行细化。

参 考 文 献

边燕杰. 1999. 社会网络与求职过程[C]//林益民，涂肇庆. 改革开放与中国社会：西方社会学文献述评. 香港：牛津大学出版社：110-138.

陈公海. 2008. 企业研发团队非正式网络的结构特征对产品创新绩效影响的研究[D]. 中国人民大学博士学位论文.

陈晓红，赵可. 2010. 团队冲突、冲突管理与绩效关系的实证研究[J]. 南开管理评论，13（5）：31-35，52.

邓春平，毛基业. 2008. 关系契约治理与外包合作绩效——对日离岸软件外包项目的实证研究[J]. 南开管理评论，4：25-33.

段锦云，肖君宜，夏晓彤. 2017. 变革型领导、团队建言氛围和团队绩效：创新氛围的调节作用[J]. 科研管理，38（4）：76-83.

凤凰网. 2016. 2015 年我国企业签订服务外包合同金额同比增长 22.1%[EB/OL]. http://finance.huanqiu.com/roll/2016-01/8390889.html.

贡喆，刘昌，沈汪兵，等. 2017. 信任对创造力的影响：激发、抑制以及倒 U 假设[J]. 心理科学进展，25（3）：463-474.

国维潇，王端旭. 2014. 授权型领导对知识团队绩效的影响机理研究[J]. 软科学，28（1）：68-71.

何建华，姜小暖，于桂兰. 2014. 团队集体效能感与团队绩效：团队沟通的调节作用[J]. 科技管理研究，34（4）：169-173.

黄海艳，李乾文. 2011. 研发团队成员人格异质性与创新绩效：以交互记忆系统为中介变量[J]. 情报杂志，30（4）：186-191.

黄海艳，武蓓. 2016. 交互记忆系统、动态能力与创新绩效关系研究[J]. 科研管理，37（4）：68-76.

黄昱方，吴菲. 2019. 同事监督对团队绩效的影响——团队信任和团队领导–成员交换的作用[J]. 软科学，33（11）：75-79，84.

季忠洋. 2019. 团队断裂带、交互记忆系统与团队绩效关系研究[D]. 吉林大学博士学位论文.

季忠洋，李北伟. 2019. 团队断裂带对团队绩效的影响——以交互记忆系统为中介[J]. 工业技术经济，38（3）：12-18.

蒋跃进，梁樑. 2004. 团队绩效管理研究述评[J]. 经济管理，（13）：46-49.

金瑜. 2001. 心理测量[M]. 上海：华东师范大学出版社.

柯江林, 石金涛, 孙健敏. 2007. 团队社会资本的维度开发及结构检验研究[J]. 科学学研究, 25
　　（5）：935-940，907.

李金霞. 2020. 创业团队社会网络、共享心智模式与创业绩效的关系研究[D]. 燕山大学硕士学
　　位论文.

李楠，葛宝山. 2018. 创业团队认知多样性对团队绩效的影响——一个有调节的双中介模型[J].
　　经济管理, 40（12）：123-137.

李宁，严进. 2007. 组织信任氛围对任务绩效的作用途径[J]. 心理学报,（6）：1111-1121.

李永周, 刘小龙, 刘旸. 2013. 社会互动动机对知识团队隐性知识传递的影响研究[J]. 中国软科
　　学,（12）：128-137.

刘全, 黄珊燕, 赵洁. 2010. 基于概化理论和结构方程模型的问卷效度研究——以中国公民的统
　　计素养调查为例[J]. 统计与决策,（19）：31-33.

罗家德. 2010. 社会网分析讲义[M]. 2版. 北京：社会科学文献出版社.

马硕, 杨东涛, 陈礼林. 2011. 虚拟团队凝聚力对团队绩效影响的实证研究[J]. 现代管理科学,
　　（4）：12-13，16.

莫申江, 谢小云. 2009. 团队学习、交互记忆系统与团队绩效：基于IMOI范式的纵向追踪研究
　　[J]. 心理学报, 41（7）：639-648.

帕特南R D. 2015. 使民主运转起来：现代意大利的公民传统[M]. 王列, 赖海榕译. 北京：中
　　国人民大学出版社.

曲刚, 鲍晓娜, 彭姝琳. 2016. 项目复杂性和团队社会认同情境下交互记忆对软件外包项目绩效
　　作用研究[J]. 管理评论, 28（10）：181-192.

曲刚, 李伯森. 2011. 软件外包项目复杂性下的交互记忆系统与知识转移[J]. 管理科学, 24（3）：
　　65-74.

曲刚, 王晓宇, 赵汉. 2020. 社会网络情境下交互记忆系统与团队绩效关系研究[J]. 管理评论,
　　32（12）：168-179.

任荣. 2011. 组织认同、团队认同对合作研发绩效的影响——概念模型及相关假说[J]. 经济管
　　理, 33（12）：84-92.

汤超颖, 艾树, 龚增良. 2011. 积极情绪的社会功能及其对团队创造力的影响：隐性知识共享的
　　中介作用[J]. 南开管理评论, 14（4）：129-137.

王端旭, 薛会娟. 2013. 交互记忆系统对团队创造力的影响及其作用机制——以利用性学习和探
　　索性学习为中介[J]. 科研管理, 34（6）：106-114.

吴明隆. 2009. 结构方程模型——AMOS的操作与应用[M]. 重庆：重庆大学出版社.

熊立. 2008. 交互记忆系统视角下的异质型团队知识整合机制研究[D]. 浙江大学博士学位论文.

徐伟青, 檀小兵, 奉小斌, 等. 2011. 国外团队社会网络研究回顾与展望：基于知识转移视角[J].
　　外国经济与管理, 33（11）：29-38.

薛捷. 2015. SNA视角下的知识网络研究现状梳理与未来研究展望[J]. 情报学报, 34（3）：

324-336.

杨陈，唐明凤. 2017. 团队断裂带对团队创新绩效的作用机理研究[J]. 科学学与科学技术管理，
　　38（3）：172-180.

杨付，张丽华. 2012. 团队沟通、工作不安全氛围对创新行为的影响：创造力自我效能感的调节
　　作用[J]. 心理学报，44（10）：1383-1401.

殷国鹏，莫云生，陈禹. 2006. 利用社会网络分析促进隐性知识管理[J]. 清华大学学报（自然科
　　学版），（S1）：964-969.

曾五一，黄炳艺. 2005. 调查问卷的可信度和有效度分析[J]. 统计与信息论坛，6：13-17.

张钢，熊立. 2008. 交互记忆系统与团队任务、成员异质性、团队绩效关系的实证研究[J]. 技术
　　经济，27（5）：26-33.

张钢，熊立. 2009. 成员异质性与团队绩效：以交互记忆系统为中介变量[J]. 科研管理，30（1）：
　　71-80.

张健，李全喜，赵丹，等. 2017. 信息细化研究现状及演化历程的可视化分析——基于国外文献
　　[J]. 情报理论与实践，40（2）：139-144，127.

张娜，陈学中. 2007. 团队社会资本及对绩效的影响[J]. 科学学与科学技术管理，28（11）：
　　181-185.

张向先，李昆，郭顺利. 2016. 企业研发团队隐性知识转移绩效的影响因素及实证研究——基于
　　知识生态的视角[J]. 情报理论与实践，39（10）：57-64.

张燕，章振. 2012. 性别多样性对团队绩效和创造力影响的研究[J]. 科研管理，33（3）：81-88.

张志学，Hempel P S，韩玉兰，等. 2006. 高技术工作团队的交互记忆系统及其效果[J]. 心理学
　　报，38（2）：271-280.

赵越岷，李梦俊，陈华平. 2010. 虚拟社区中消费者信息共享行为影响因素的实证研究[J]. 管理
　　学报，7（10）：1490-1494，1501.

郑鸿，徐勇. 2017. 创业团队信任的维持机制及其对团队绩效的影响研究[J]. 南开管理评论，20
　　（5）：29-40.

郑姣明. 2019. App 设计团队见解多样性对团队创造力影响研究[D]. 大连理工大学硕士学位
　　论文.

中国产业信息网. 2015. 2015—2020 年中国 IT 服务行业调研及未来趋势报告[EB/OL].
　　http://www.chyxx.com/research/201501/301742.html.

中国服务外包研究中心. 2012. 中国服务外包发展报告 2012[EB/OL]. http://www.coi.org.cn/
　　article/bt/bs/201206/20120608191680.shtml.

周密，赵西萍，司训练. 2009. 团队成员网络中心性、网络信任对知识转移成效的影响研究[J]. 科
　　学学研究，27（9）：1384-1392.

周天慧，蔡耿谦. 2000. 知识管理理论与策略研究[J]. 中国软科学，（9）：89-93.

朱镇，赵晶. 2011. 企业电子商务采纳的战略决策行为：基于社会认知理论的研究[J]. 南开管理

评论，14（3）：151-160.

Adler P S, Kwon S K. 2002. Social capital: prospects for a new concept[J]. Academy of Management Review, 27（1）: 17-40.

Aggarwal I, Woolley A W. 2019. Team creativity, cognition, and cognitive style diversity[J]. Management Science, 65（4）: 1586-1599.

Akgün A E, Byrne J, Keskin H, et al. 2005. Knowledge networks in new product development projects: a transactive memory perspective[J]. Information & Management, 42（8）: 1105-1120.

Alavi M, Leidner D E. 2001. Knowledge management and knowledge management systems: conceptual foundations and research issues[J]. MIS Quarterly, 25（1）: 107-136.

Alguezaui S, Filieri R. 2010. Investigating the role of social capital in innovation: sparse versus dense networks[J]. Journal of Knowledge Management, 14（6）: 891-909.

Ali I, Ali M, Leal-Rodríguez A L, et al. 2019. The role of knowledge spillovers and cultural intelligence in enhancing expatriate employees' individual and team creativity[J]. Journal of Business Research, 101: 561-573.

Alnuaimi O A, Robert L P, Maruping L M. 2010. Team size, dispersion, and social loafing in technology-supported teams: a perspective on the theory of moral disengagement[J]. Journal of Management Information Systems, 27（1）: 203-230.

Ancona D G, Caldwell D F. 1992. Demography and design: predictors of new product team performance[J]. Organization Science, 3（3）: 321-341.

Anderson J C, Gerbing D W. 1988. Structural equation modeling in practice: a review of recommended two-step approach[J]. Psychological Bulletin, 103（3）: 411-423.

Argote L, Ren Y. 2012. Transactive memory systems: a microfoundation of dynamic capabilities[J]. Journal of Management Studies, 49（8）: 1375-1382.

Ashforth B E, Harrison S H, Corley K G. 2008. Identification in organizations: an examination of four fundamental questions[J]. Journal of Management, 34（3）: 325-374.

Ashleigh M, Prichard J. 2012. An integrative model of the role of trust in transactive memory development[J]. Group & Organization Management, 37（1）: 5-35.

Ashmore R D, Deaux K, McLaughlin-Volpe T. 2004. An organizing framework for collective identity: articulation and significance of multidimensionality[J]. Psychological Bulletin, 130（1）: 80-114.

Aubert B A, Kelsey B L. 2003. Further understanding of trust and performance in virtual teams[J]. Small Group Research, 34（5）: 575-618.

Bagozzi R P, Yi Y. 1988. On the evaluation of structural equation models[J]. Journal of the Academy of Marketing Science, 16（1）: 74-94.

Balkundi P, Barsness Z, Michael J H. 2009. Unlocking the influence of leadership network structures on team conflict and viability[J]. Small Group Research, 40: 301-322.

Balkundi P, Harrison D A. 2004. Networks, leaders, teams and time: connections to viability and performance[C]. Academy of Management Proceedings, (1): J1-J6.

Balkundi P, Harrison D A. 2006. Ties, leaders, and time in teams: strong inference about network structure's effects on team viability and performance[J]. Academy of Management Journal, 49 (1): 49-68.

Bandura A. 1977. Self-efficacy: toward a unifying theory of behavioral change[J]. Psychological Review, 84 (2): 191-215.

Baron R M, Kenny D A. 1986. The moderator-mediator variable distinction in social psychological research: conceptual, strategic, and statistical considerations[J]. Journal of Personality and Social Psychology, 51 (6): 1173-1182.

Bergami M, Bagozzi R P. 2000. Self-categorization, affective commitment and group self-esteem as distinct aspects of social identity in the organization[J]. British Journal of Social Psychology, 39: 555-557.

Bian Y. 1994. Guanxi and the allocation of urban jobs in China[J]. China Quarterly, 140: 971-999.

Blau P M. 1964. Exchange and Power in Social Life[M]. New York: Wiley.

Blau P M, Gustad J W, Jessor R, et al. 1968. Occupational choice: a conceptual framework[J]. The Theory and Practice of Vocational Guidance, 9 (4): 59-74.

Bock G W, Kim Y G. 2002. Breaking the myths of rewards: an exploratory study of attitudes about knowledge sharing[J]. Information Resources Management Journal, 15 (2): 14-21.

Bogenrieder I, Nooteboom B. 2004. Learning groups: what types are there? A theoretical analysis and an empirical study in a consultancy firm[J]. Organization Studies, 25 (2): 287-313.

Borgatti S P, Cross R. 2003. A relational view of information seeking and learning in social networks[J]. Management Science, 49 (4): 432-445.

Borgatti S P, Foster P C. 2003. The network paradigm in organizational research: a review and typology[J]. Journal of Management, 29 (6): 991-1013.

Borman W C, Motowidlo S M. 1993. Expanding the criterion domain to include elements of contextual performance[C]//Schmitt N, Borman W C. Personnel Selection in Organizations. San Francisco: Jossey-Bass: 71-98.

Bourdieu P. 2010. Distinction: A Social Critique of the Judgement of Taste[M]. New York: Routledge.

Brass D J. 1995. A social network perspective on human resources management[C]//Ferris G R. Research in Personnel and Human Resources Management. Greenwich: JAI Press: 39-79.

Breuer C, Hüffmeier J, Hibben F, et al. 2020. Trust in teams: a taxonomy of perceived trustworthiness factors and risk-taking behaviors in face-to-face and virtual teams[J]. Human Relations, 73 (1): 3-34.

Brewer M B, Silver M D. 2000. Group distinctiveness, social identification, and collective mobilization[C]// Stryker S, Ownes T J, White R W. Self, Identity, and Social Movements. Minneapolis: University of Minnesota Press: 153-171.

Bunderson J S. 2003. Recognizing and utilizing expertise in work groups: a status characteristics perspective[J]. Administrative Science Quarterly, 48（4）: 557-591.

Burt R S.1993. Structural Holes: the Social Structure of Competition[M]. Cambridge: Harvard University Press.

Cabrera Á, Collins W C, Salgado J F. 2006. Determinants of individual engagement in knowledge sharing[J]. International Journal of Human Resource Management, 17（2）: 245-264.

Campion M A, Medsker G J, Higgs A C. 1993. Relations between work group characteristics and effectiveness: implications for designing effective work groups[J]. Personnel Psychology, 46（4）: 823-847.

Cao X, Ali A. 2018. Enhancing team creative performance through social media and transactive memory system[J]. International Journal of Information Management, 39: 69-79.

Carron A V. 1982. Cohesiveness in sport groups: interpretations and considerations[J]. Journal of Sport Psychology, 4（2）: 123-138.

Chen G, Mathieu J E, Bliese P D. 2004. A framework for conducting multilevel construct validation[C]//Dansereau F, Yammarino F. Research in Multi-level Issues: the Many Faces of Multi-level Issues. Oxford: Elsevier Science: 273-303.

Chen M H, Chang Y C, Hung S H. 2008. Social capital and creativity in R&D project teams[J]. R & D Management, 38（1）: 21-34.

Cheney G. 1983a. The rhetoric of identification and the study of organizational communication[J]. Quarterly Journal of Speech, 69（2）: 143-158.

Cheney G. 1983b. On the various and changing meanings of organizational membership: a field study of organizational identification[J]. Communication Monographs, 50（4）: 342-362.

Cheney G, Tompkins P K. 1987. Coming to terms with organizational identification and commitment[J]. Communication Studies, 38（1）: 1-15.

Chiang Y H, Shih H A, Hsu C C. 2014. High commitment work system, transactive memory system, and new product performance [J]. Journal of Business Research, 67（4）: 631-640.

Chin W W. 1998. Issues and opinions on structural equation modeling[J]. Embo Journal, 11（12）: 61-72.

Chin W W, Marcoulides G. 1998. The partial least squares approach to structural equation modeling[J]. Modern Methods for Business Research, 295（2）: 295-336.

Choi S Y, Lee H, Yoo Y. 2010. The impact of information technology and transactive memory systems on knowledge sharing, application, and team performance: a field study[J]. MIS

Quarterly, 34（4）: 855-870.

Chung Y, Jackson S E. 2013. The internal and external networks of knowledge-intensive teams: the role of task routineness[J]. Journal of Management, 39（2）: 442-468.

Cohen D J, Prusak L. 2001. In Good Company: How Social Capital Makes Organizations Work[M]. Boston: Harvard Business Schod Press.

Cohen S, Doyle W J, Skoner D P, et al. 1997. Social ties and susceptibility to the common cold[J]. Jama-Journal of the American Medical Association, 277（24）: 1940-1944.

Cohen W M, Levinthal D A. 1990. Absorptive capacity: a new perspective on learning and innovation[J]. Administrative science quarterly, 35（1）: 128-152.

Colazo J A. 2010. Collaboration structure and performance in new software development: findings from the study of open source projects[J]. International Journal of Innovation Management, 14（5）: 735-758.

Coleman J S. 1988. Social capital in the creation of human capital[J]. American Journal of Sociology, 94（1）: 95-120.

Coleman J S. 1990. Foundations of Social Theory[M]. Cambridge: Belknap Press of Harvard University Press.

Colquitt J A, Scott B A, LePine J A. 2007. Trust, trustworthiness, and trust propensity: a meta-analytic test of their unique relationships with risk taking and job performance[J]. Journal of Applied Psychology, 92（4）: 909-927.

Compeau D R, Higgins C A. 1995. Computer self-efficacy: development of a measure and initial test[J]. MIS Quarterly, 19（2）: 189-211.

Constant D, Kiesler S, Sproull L. 1994. What's mine is ours, or is it? A study of attitudes about information sharing[J]. Information Systems Research, 5（4）: 400-421.

Costa A C. 2003. Work team trust and effectiveness[J]. Personnel Review, 32（5）: 605-622.

Costa A C, Anderson N. 2011. Measuring trust in teams: development and validation of a multifaceted measure of formative and reflective indicators of team trust[J]. European Journal of Work and Organizational Psychology, 20（1）: 119-154.

Crawford E R, LePine J. 2013. A configural theory of team processes: accounting for the structure of taskwork and teamwork[J]. Academy of Management Review, 38（1）: 32-48.

Cremer D D, van Knippenberg D, van Dijk E, et al. 2008. Cooperating if one's goals are collective-based: social identification effects in social dilemmas as a function of goal transformation [J]. Journal of Applied Social Psychology, 38（6）: 1562-1579.

Crisp C B, Jarvenpaa S L. 2013. Swift trust in global virtual teams: trusting beliefs and normative actions[J]. Journal of Personnel Psychology, 12（1）: 45-56.

Cummings J N, Cross R. 2003. Structural properties of work groups and their consequences for performance[J]. Social Networks, 25（3）: 197-210.

Dayan M, Basarir A. 2010. Antecedents and consequences of team reflexivity in new product development projects[J]. Journal of Business and Industrial Marketing, 25（1）: 18-29.

de Dreu C K W. 2006. When too little or too much hurts: evidence for a curvilinear relationship between task conflict and innovation in teams[J]. Journal of Management, 32（1）: 83-107.

de Jong B A, Dirks K T. 2012. Beyond shared perceptions of trust and monitoring in teams: implications of asymmetry and dissensus[J]. Journal of Applied Psychology, 97（2）: 391-406.

de Jong B A, Dirks K T, Gillespie N. 2015.Trust and team performance: a meta-analysis of main effects, contingencies, and qualifiers[J]. Academy of Management Proceedings, （1）: 14561.

de Jong B A, Elfring T. 2010. How does trust affect the performance of ongoing teams? The mediating role of reflexivity, monitoring, and effort[J]. Academy of Management Journal, 53（3）: 535-549.

DeLone W H, McLean E R. 1992. Information systems success: the quest for the dependent variable[J]. Information Systems Research, 3（1）: 60-86.

Denison D R, Hart S L, Kahn J A. 1996. From chimneys to cross-functional teams: developing and validating a diagnostic model[J]. The Academy of Management Journal, 39（4）: 1005-1023.

Devine D J, Clayton L D, Philips J L, et al. 1999. Teams in organizations: prevalence, characteristics, and effectiveness[J]. Small Group Research, 30（6）: 678-711.

Dirks K T. 1999. The effects of interpersonal trust on work group performance[J]. Journal of Applied Psychology, 84（3）: 445-455.

Dirks K T, Ferrin D L. 2001. The role of trust in organizational settings[J]. Organization science, 12（4）: 450-467.

Dissanayake I, Zhang J, Gu B. 2015. Task division for team success in crowd sourcing contests: resource allocation and alignment effects[J]. Journal of Management Information Systems, 32（2）: 8-39.

Droege S B, Hoobler J M. 2003. Employee turnover and tacit knowledge diffusion: a network perspective[J]. Journal of Managerial Issues, 15（1）: 50-64.

Dukerich J M, Golden B R, Shortell S M. 2002. Beauty is in the eye of the beholder: the impact of organizational identification, identity, and image on the cooperative behaviors of physicians[J]. Administrative Science Quarterly, 47（3）: 507-533.

Edmondson A C. 1999. Psychological safety and learning behavior in work teams[J]. Administrative Science Quarterly, 44（2）: 350-383.

Edmondson A C. 2002. The local and variegated nature of learning in organizations: a group-level perspective[J]. Organization science, 13（2）: 128-146.

Ellemers N, Kortekaas P, Ouwerkerk J W. 1999. Self-categorisation, commitment to the group and group self-esteem as related but distinct aspects of social identity[J]. European Journal of Social Psychology, 29: 371-381.

Ellis A P J. 2006. System breakdown: the role of mental models and transactive memory in the relationship between acute stress and team performance[J]. Academy of Management Journal, 49（3）: 576-589.

Espinosa J A, Nan N, Carmel E. 2015. Temporal distance, communication patterns, and task performance in teams[J]. Journal of Management Information Systems, 32（1）: 151-191.

Faraj S, Kudaravalli S, Wasko M. 2015. Leading collaboration in online communities[J]. MIS Quarterly, 39（2）: 393-412.

Faraj S, Sproull L. 2000. Coordinating expertise in software development teams[J]. Management Science, 46（12）: 1554-1568.

Feld S L. 1981. The focused organization of social ties[J]. American Journal of Sociology, 86（5）: 1015-1035.

Ferguson A J, Peterson R S. 2015. Sinking slowly: diversity in propensity to trust predicts downward trust spirals in small groups[J]. Journal of Applied Psychology, 100（4）: 1012-1024.

Fraidin S N. 1979. When is one head better than two? Interdependent information in group decision making[J]. Organizational Behavior and Human Decision Processes, 93（2）: 102-113.

Freeman L C. 1979. Centrality in social networks conceptual clarification[J]. Social Networks, 3（1）: 215-239.

Fulmer C A, Gelfand M J. 2012. At what level（and in whom）we trust: trust across multiple organizational levels[J]. Journal of Management, 38（4）: 1167-1230.

Gibbons D E. 2004. Friendship and advice networks in the context of changing professional values[J]. Administrative Science Quarterly, 49（2）: 238-262.

Gillespie N A, Mann L. 2004. Transformational leadership and shared values: the building blocks of trust[J]. Journal of Managerial Psychology, 19（6）: 588-607.

Gino F, Argote L, Miron-Spektor E, et al. 2010. First, get your feet wet: the effects of learning from direct and indirect experience on team creativity[J]. Organizational Behavior and Human Decision Processes, 111（2）: 102-115.

Gladstein D L. 1984. Groups in context: a model of task group effectiveness[J]. Administrative Science Quarterly, 29（4）: 499-517.

Glynn M A. 2008. Beyond constraint: how institutions enable identities[C]//Greenwood R, Oliver C, Suddaby R, et al. The Sage Handbook of Organizational Institutionalism. London: Sage Publications: 413-430.

Granovetter M. 1983. The strength of weak ties: a network theory revisited[J]. Sociological Theory, 1: 201-233.

Granovetter M. 1985. Economic action and social structure: the problem of embeddednes[J]. American Journal of Sociology, 91（3）: 481-510.

Granovetter M S. 1973. The strength of weak ties[J]. American Journal of Sociology, 78（6）: 1360-1380.

Guadagnoli E, Velicer W F. 1988. Relation of sample size to the stability of component patterns[J]. Psychological Bulletin, 103（2）: 265-275.

Guinan P J, Cooprider J G, Faraj S. 1998. Enabling software development tam performance during requirements definition: a behavioral versus technical approach[J]. Information System Research, 9（2）: 101-125.

Hackman J R. 1987. The design of work teams[C]//Lorsch J W. Handbook of Organizational Behavior. Englewood Cliffs: Prentice Hall: 315-342.

Hall D T, Schneider B, Nygren H T. 1970. Personal factors in organizational identification[J]. Administrative Science Quarterly, 15（2）: 176-190.

Han G, Harms P D. 2010. Team identification, trust and conflict: a mediation model[J]. International Journal of Conflict Management, 21（1）: 20-43.

Harrison D A, Klein K J. 2007. What's the difference? Diversity constructs as separation, variety, or disparity in organizations[J]. Academy of Management Review, 32（4）: 1199-1228.

Harvey S. 2013. A different perspective: the multiple effects of deep level diversity on group creativity[J]. Journal of Experimental Social Psychology, 49（5）: 822-832.

Harvey S. 2015. When accuracy isn't everything: the value of demographic differences to information elaboration in teams[J]. Group and Organization Management, 40（1）: 35-61.

Haslam S A. 2004. Psychology in Organizations[M]. London: Sage.

Havakhor T, Sabherwal R. 2018. Team processes in virtual knowledge teams: the effects of reputation signals and network density[J]. Journal of Management Information Systems, 35（1）: 266-318.

Hayes A F. 2009. Beyond Baron and Kenny: statistical mediation analysis in the new millennium[J]. Communication Monographs, 76（4）: 408-420.

Heavey C, Simsek Z. 2015. Transactive memory systems and firm performance: an upper echelons perspective[J]. Organization Science, 26（4）: 941-959.

Heeks R, Arun S. 2010. Social outsourcing as a development tool: the impact of outsourcing IT services to women's social enterprises in Kerala[J]. Journal of International Development: The Journal of the Development Studies Association, 22（4）: 441-454.

Henderson J C, Lee S. 1992. Managing i/s design teams: a control theories perspective[J]. Management Science, 38（6）: 757-777.

Henttonen K, Janhonen M, Johanson J-E. 2013. Internal social networks in work teams: structure, knowledge sharing and performance[J]. International Journal of Manpower, 34（6）: 616-634.

Henttonen K, Johanson J-E, Janhonen M. 2014. Work-team bonding and bridging social networks, team identity and performance effectiveness[J]. Personnel Review, 43（3）: 330-349.

Hoch J E, Kozlowski S W J. 2014. Leading virtual teams: hierarchical leadership, structural supports, and shared team leadership[J]. Journal of Applied Psychology, 99（3）: 390-403.

Hoegl M, Gemuenden H G. 2001. Teamwork quality and the success of innovative projects: a theoretical concept and empirical evidence[J]. Organization Science, 12（4）: 435-449.

Hoegl M, Parboteeah K P. 2006. Team reflexivity in innovative projects[J]. R&D Management, 36（2）: 113-125.

Hoever I J, Zhou J, van Knippenberg D. 2018. Different strokes for different teams: the contingent effects of positive and negative feedback on the creativity of informationally homogeneous and diverse teams[J]. Academy of Management Journal, 61（6）: 2159-2181.

Hogg M A, Abrams D. 2006. Social Identifications: A Social Psychology of Intergroup Relations and Group Processes[M]. London and New York: Routledge.

Hollingshead A B. 1998a. Communication, learning, and retrieval in transactive memory systems[J]. Journal of Experimental Social Psychology, 34（5）: 423-442.

Hollingshead A B. 1998b. Distributed expertise and transactive processes in decision-making groups[J]. Research on Managing Groups & Teams, 1: 103-123.

Hollingshead A B. 1998c. Retrieval processes in transactive memory systems[J]. Journal of Personality and Social Psychology, 74（3）: 659-671.

Hollingshead A B. 2001. Cognitive interdependence and convergent expectations in transactive memory[J]. Journal of Personality and Social Psychology, 81（6）: 1080-1089.

Hollingshead A B, Fraidin S N. 2003. Gender stereotypes and assumptions about expertise in transactive memory[J]. Journal of Experimental Social Psychology, 39（4）: 355-363.

Homan A C, Hollenbeck J R, Humphrey S E, et al. 2008. Facing differences with an open mind: openness to experience, salience of intragroup differences, and performance of diverse work groups[J]. Academy of Management Journal, 51（6）: 1204-1222.

Homan A C, van Knippenberg D L, van Kleef G, et al. 2006. Bridging faultlines by valuing diversity: diversity beliefs, information elaboration, and performance in diverse work groups[J]. Journal of Applied Psychology, 92（5）: 1189-1199.

Homans G C. 1950. The Human Group[M]. New York: Routledge.

Howorth C, Westhead P, Wright M. 2004. Buyouts, information asymmetry and the family management dyad[J]. Journal of Business Venturing, 19（4）: 509-534.

Hsu J S, Shih S, Chiang J C, et al. 2012. The impact of transactive memory systems on IS development teams' coordination, communication, and performance[J]. International Journal of Project Management, 30（3）: 329-340.

Hsu M H, Ju T L, Yen C H, et al. 2007. Knowledge sharing behavior in virtual communities: the relationship between trust, self-efficacy, and outcome expectations[J] . International Journal of Human-Computer Studies, 65（2）: 153-169.

Huang C C, Lin T C, Wang J W. 2008. Understanding knowledge management system usage antecedents: an integration of social cognitive theory and task technology fit[J]. Information & Management, 45（6）: 410-417.

Ibarra H. 1993a. Network centrality, power, and innovation involvement: determinants of technical and administrative roles[J]. Academy of Management Journal, 36（3）: 471-501.

Ibarra H. 1993b. Personal networks of women and minorities in management: a conceptual framework[J]. Academy of Mangement Journal, 18（1）: 56-87.

Ibarra H, Andrews S B. 1993. Power, social influence, and sense making: effects of network centrality and proximity on employee perceptions[J]. Admiinistrative Science Quarterly, 38: 277-303.

Jackson M, Moreland R L. 2009. Transactive memory in the classroom[J]. Small Group Research, 40（5）: 508-534.

Jacobs J. 1962. The death and life of great American cities/Jane Jacobs[J]. Yale Law Journal, 6（23）: 173-195.

James L R. 1982. Aggregation bias in estimates of perceptual agreement[J]. Journal of Applied Psychology, 67（2）: 219-229.

James L R, Demaree R G, Wolf G. 1984. Estimating within-group interrater reliability with and without response bias[J]. Journal of Applied Psychology, 69（1）: 85-98.

Jarvenpaa S L, Knoll K, Leidner D E. 1998. Is anybody out there? Antecedents of trust in global virtual teams[J]. Journal of Management Information Systems, 14（4）: 29-64.

Jarvenpaa S L, Majchrzak A. 2015. Interactive self-regulatory theory for sharing and protecting in interorganizational collaborations[J]. Academy of Management Review, 41（1）: 9-27.

Jarvenpaa S L, Shaw T R, Staples S D. 2004. Toward contextualized theories of trust: the role of trust in global virtual teams[J]. Information Systems Research, 15（3）: 250-267.

Jehn K A, Northcraf G B, Neale M. 1999. Why differences make a difference: a field study of diversity, conflict, and performance in workgroup[J]. Administrative Science Quarterly, 44（4）: 741-763.

Jones G R, George J M. 1998. The experience and evolution of trust: implications for cooperation and teamwork[J]. The Academy of Management Review, 23（3）: 531-546.

Jung D I, Sosik J J. 2002. Transformational leadership in work groups: the role of empowerment, cohesiveness, and collective-efficacy on perceived group performance[J]. Small Group Research, 33（3）: 313-336.

Kanawattanachai P, Yoo Y. 2007. The impact of knowledge coordination on virtual team performance over time[J]. MIS Quarterly, 31（4）: 783-808.

Kane A A. 2010. Unlocking knowledge transfer potential: knowledge demonstrability and superordinate social identity[J]. Organization Science, 21（3）: 643-660.

Kane A A, Argote L, Levine J M. 2005. Knowledge transfer between groups via personnel rotation: effects of social identity and knowledge quality[J]. Organizational Behavior and Human Decision Processes, 96（1）: 56-71.

Kankanhalli A, Tan B, Wei K. 2006. Conflict and performance in global virtual teams[J]. Journal of Management Information Systems, 23（3）: 237-274.

Kearney E, Gebert D, Voelpel S C. 2009. When and how diversity benefits teams: the importance of team members' need for cognition[J]. Academy of Management Journal, 52（3）: 581-598.

Kidwell Jr R E, Mossholder K W, Bennett N. 1997. Cohesiveness and organizational citizenship behavior: a multilevel analysis using work groups and individuals[J]. Journal of Management: Official Journal of the Southern Management Association, 23（6）: 775-793.

Kim W, Chung M J, Lloyd J. 2005. Automated outsourcing partnership management using semantic web services[C] //Shen W M, Chao K M, Lin Z, et al. Computer Supported Cooperative Work in Design II. CSCWD 2005. Lecture Notes in Computer Science, vol 3865. Berlin Heidelberg: Springer: 184-193.

Kirkman B L, Rosen B, Tesluk P E, et al. 2004. The impact of team empowerment on virtual team Performance: the moderating role of face-to-face Interaction[J]. The Academy of Management Journal, 47（2）: 175-192.

Kirkman B L, Rosen B, Tesluk P E, et al. 2006. Enhancing the transfer of computer-assisted training proficiency in geographically distributed teams[J]. Journal of Applied Psychology, 91（3）: 706-716.

Klein K J, Lim B, Saltz J L, et al. 2004. How do they get there? An examination of the antecedents of centrality in team networks[J]. Academy of Management Journal, 47（6）: 952-963.

Koh C, Ang S, Straub D W. 2004. IT outsourcing success: a psychological contract perspective[J]. Information Systems Research, 15（4）: 356-373.

Korshunov A, Beloborodov I, Buzun N, et al. 2014 Social network analysis: methods and applications[J]. Proceedings of the Institute for System Programming of the RAS（Proceedings of ISP RAS）, 26（1）: 439-456.

Kozlowski S W J, Klein K J. 2000. A multilevel approach to theory and research in organizations: contextual, temporal, and emergent processes[C]//Klein K J, Kozlowski S W J. Multilevel Theory, Research and Methods in Organizations: Foundations, Extensions, and New Directions. San Francisco: Jossey-Bass: 3-90.

Krackhardt D, Hanson J R. 1993. Informal networks: the company behind the chart[J]. Harvard Business Review, 71 (4): 104-111.

Krackhardt D, Stern R N. 1988. Informal networks and organizational crises: an experimental simulation[J]. Social Psychology Quarterly, 51 (2): 123-140.

Kruglanski A W, Pierro A, Mannetti L, et al. 2006. Groups as epistemic providers: need for closure and the unfolding of group-centrism[J]. Psychological Review, 113 (1): 84-100.

Kudaravalli S, Faraj S, Johnson S L. 2017. A configural approach to coordinating expertise in software development teams[J]. MIS quarterly, 41 (1): 43-64.

Lamersdorf W, Tschammer V, Amarger S. 2004. Building the E-service Society: E-commerce, E-business, and E-government [M]. New York: Springer Science & Business Media.

Langer N, Mani D. 2018. Impact of formal controls on client satisfaction and profitability in strategic outsourcing contracts[J]. Journal of Management Information Systems, 35 (4): 998-1030.

Langfred C W. 2007. The downside of self-management: a longitudinal study of the effects of conflict on trust, autonomy, and task interdependence in self-managing teams[J]. Academy of Management Journal, 50 (4): 885-900.

Latorre R, Suárez J. 2017. Measuring social networks when forming information system project teams[J]. Journal of Systems and Software, 134: 304-323.

LeBreton J M, Senter J L. 2008. Answers to 20 questions about interrater reliability and interrater agreement[J]. Orthopaedic Journal of Sports Medicine, 11 (4): 494-519.

Lee C, Farh J, Chen Z J. 2011. Promoting group potency in project teams: the importance of group identification[J]. Journal of Organizational Behavior, 32 (8): 1147-1162.

Lee F. 1997. When the going gets tough, do the tough ask for help?Help seeking and power motivation in organizations[J]. Organizational Behavior and Human Decision, 72(3): 336-363.

Lee J Y, Bachrach D G, Lewis K. 2014. Social network ties, transactive memory, and performance in groups[J]. Organization Science, 25 (3): 951-967.

Leonard-Barton D, Sinha D K. 1993. Developer-user interaction and user satisfaction in internal technology transfer[J]. The Academy of Management Journal, 36 (5): 1125-1139.

Lewicki R J, Tomlinson E C, Gillespie N. 2006. Models of interpersonal trust development: theoretical approaches, empirical evidence, and future directions[J]. Journal of Management, 32 (6): 991-1022.

Lewis K. 2003. Measuring transactive memory systems in the field: scale development and validation[J]. Journal of Applied Psychology, 88 (4): 587-604.

Lewis K. 2004. Knowledge and performance in knowledge-worker teams: a longitudinal study of transactive memory systems[J]. Management Science, 50 (11): 1519-1533.

Lewis K, Herndon B. 2011. Transactive memory systems: current issues and future research directions[J]. Organization Science, 22 (5): 1254-1265.

Lewis K, Lange D, Gillis L. 2005. Transactive memory systems, learning, and learning transfer[J]. Organization Science, 16 (6): 581-598.

Liang D W, Moreland R, Argote L. 1995. Group versus individual training and group performance: the mediating role of transactive memory[J]. Personality and Social Psychology Bulletin, 21 (4): 384-393.

Liao J, Jimmieson N L, O'Brien A T, et al. 2012. Developing transactive memory systems: theoretical contributions from a social identity perspective[J]. Group & Organization Management, 37(2): 204-240.

Lin C. 2007. To share or not to share: modeling tacit knowledge sharing, its mediators and antecedents[J]. Journal of Business Ethics, 70 (4): 411-428.

Lin H F. 2007. Knowledge sharing and firm innovation capability: an empirical study[J] . International Journal of Manpower, 28 (3/4): 315-332.

Lin M J J, Hung S W, Chen C J. 2009. Fostering the determinants of knowledge sharing in professional virtual communities[J]. Computers in Human Behavior, 25 (4): 29-39.

Lincoln J R, Miller J. 1979. Work and friendship ties in organizations: a comparative analysis of relational networks[J]. Administrative Science Quarterly, 24 (2): 181-199.

Liu W H, Cross J A. 2016. A comprehensive model of project team technical performance[J]. International Journal of Project Management, 34 (7): 1150-1166.

Lorsch J W. 1987. Handbook of Organizational Behavior[M]. Englewood Cliffs: Prentice Hall.

Luo J D. 2005. Particularistic trust and general trust: a network analysis in chinese organizations[J]. Management and Organization Review, 1 (3): 437-458.

Lynn G S, Skov R B, Abel K D. 1999. Practices that support team learning and their impact on speed to market and new product success[J]. Journal of Product Innovation Management, 16 (5): 439-454.

Mael F, Ashforth B E. 1992. Alumni and their alma mater: a partial test of the reformulated model of organizational identification[J].Journal of Organizational Behavior, 13 (2): 103-123.

Mael F A, Tetrick L E. 1992. Identifying organizational identification[J]. Educational and Psychological Measurement, 52 (4): 813-824.

Magjuka R J, Baldwin T T. 1991. Team-based employee involvement programs: effects of design and administration[J]. Personnel psychology, 44 (4): 793-812.

Magni M, Angst C M, Agarwal R. 2012. Everybody needs somebody: the influence of team network structure on information technology use[J]. Journal of Management Information Systems, 29 (3): 9-42.

Man D C, Lam S S K. 2003. The effects of job complexity and autonomy on cohesiveness in collectivistic and individualistic work groups : a cross-cultural analysis[J]. Journal of Organizational Behavior, 24（8）: 979-1001.

Manev I M, Stevenson W B. 2001. Nationality, cultural distance, and expatriate status: effects on the managerial network in a multinational enterprise[J]. Journal of International Business Studies, 32（2）: 285-303.

Manu C, Walker D H T. 2006. Making sense of knowledge transfer and social capital generation for a Pacific island aid infrastructure project[J] . Learning Organization, 13（5）: 475-494.

Mao Y, Yang G. 2012. A study of outsourcing and self-run business decision-making in the distribution transportation of international logistics[J]. Energy Procedia, 16: 965-970.

Marks M A, Mathieu J E, Zaccaro S J. 2001. A temporally based framework and taxonomy of team processes[J]. Academy of Management Review, 26（3）: 356-376.

Mathieu J, Maynard T M, Rapp T, et al. 2008. Team effectiveness 1997-2007: a review of recent advancements and a glimpse into the future[J]. Journal of Management: Official Journal of the Southern Management Association, 34（3）: 410-476.

Mathieu J E, Gilson L L. 2012. Criteria issues and team effectiveness[J]. Criteria Issues & Team Effectiveness Oxford Handbooks.

Mayer R C, Davis J H. 1999. The effect of the performance appraisal system on trust for management: a field quasi-experiment[J]. Journal of Applied Philosophy, 84（1）: 123-136.

Mayer R C, Davis J H, Schoorman D. 1995. An integrative model of organizational trust[J]. The Academy of Management Review, 20（3）: 709-734.

Mayer R C, Gavin M B. 2005. Trust in management and performance: who minds the shop while the employees watch the boss?[J]. Academy of Management Journal, 48（5）: 874-888.

McAllister D J. 1995. Affect- and cognition-based trust as foundations for interpersonal cooperation in organizations[J]. The Academy of Management Journal, 38（1）: 24-59.

Mcknight D H, Choudhury V, Kacmar C. 2002. Developing and validating trust measures for e-commerce: an integrative typology[J] . Information Systems Research, 13（3）: 334-359.

Mehra A, Dixon A L, Brass D J, et al. 2006. The social network ties of group leaders: implications for group performance and leader reputation[J]. Organization Science, 17（1）: 64-79.

Mell J N, van Knippenberg D, van Ginkel W P. 2014.The catalyst effect: the impact of transactive memory system structure on team performance[J]. Academy of Management Journal, 57（4）: 1154-1173.

Mesmer-Magnus J R, DeChurch L A. 2009. Information sharing and team performance : a meta-analysis[J]. Journal of Applied Psychology, 94（2）: 535-546.

Meyer B, Shemla M, Schermuly C C. 2011. Social category salience moderates the effect of diversity faultlines on information elaboration[J]. Small Group Research, 42（3）: 257-282.

Michinov E，Olivier-Chiron E，Rusch E. 2008. Influence of transactive memory on perceived performance，job satisfaction and identification in anaesthesia teams[J]. British Journal of Anaesthesia，100（3）：327-332.

Miller V D，Allen M，Casey M K，et al. 2000. Reconsidering the organizational identification questionnaire[J]. Management Communication Quarterly，13（4）：626-658.

Moreland R L. 1999. Transactive memory：learning who knows what in work groups and organizations[C]//Messick D M，Levine J M. Shared Cognition in Organizations：The Management of Knowledge. Mahwah：Erlbaum：Associates，Inc：3-31.

Moreland R L，Myaskovsky L. 2000. Exploring the performance benefits of group training：transactive memory or improved communication?[J]. Organizational Behavior and Human Decision Processes，82（1）：117-133.

Nahapiet J，Ghoshal S. 2000. Social capital，intellectual capital，and the organizational advantage[J]. Knowledge and Social Capital，23（2）：119-157.

Nalder S. 1991. The relevance of transformation learning theory to Primary Health Care management training for physicians：a case study[D]. Columbia University.

Nan N，Kumar S. 2013. Joint effect of team structure and software architecture in open source software development[J]. IEEE Transactions on Engineering Management，60（3）：592-603.

Nevo D，Wand Y. 2005. Organizational memory information systems：a transactive memory approach[J]. Decision Support Systems，39（4）：549-562.

Nonaka I. 1976. A dynamic theory of organizational knowledge creation[J]. Organization Science，5（1）：14-37.

Nordbäck E S，Espinosa J A. 2019. Effective coordination of shared leadership in global virtual teams[J]. Journal of Management Information Systems，36（1）：321-350.

Nunnally J C，Bernstein I H. 1994. Psychometric Theory（McGraw-Hill Series in Psychology）[M]. New York：McGraw-Hill.

Oh H，Chung M H，Labianca G. 2004. Group social capital and group effectiveness：the role of informal socializing ties[J]. Academy of Management Journal，47（6）：860-875.

Oh H，Labianca G，Chung M H. 2006. A multilevel model of group social capital[J]. Academy of Management Review，31（3）：569-582.

O'Leary M B，Mortensen M. 2010. Go（con）figure：subgroups，imbalance，and isolates in geographically dispersed teams[J]. Organization Science，21（1）：115-131.

Olson B J，Parayitam S，Bao Y. 2007. Strategic decision making：the effects of cognitive diversity，conflict，and trust on decision outcomes[J]. Journal of Management，33（2）：196-222.

Oshri I，Kotlarsky J，Willcocks L. 2008. Missing links：building critical social ties for global collaborative teamwork[J]. Communications of the ACM，51（4）：76-81.

Ozer M, Vogel D. 2015. Contextualized relationship between knowledge sharing and performance in software development[J]. Journal of Management Information Systems, 32 (2): 134-161.

Pan Y, Xu Y, Wang X, et al. 2015. Integrating social networking support for dyadic knowledge exchange: a study in a virtual community of practice[J]. Information & Management, 52 (1): 61-70.

Park S, Mathieu J E, Grosser T J. 2020. A network conceptualization of team conflict[J]. Academy of Management Review, 45 (2): 352-375.

Paul D L, McDaniel R R J. 2004. A field study of the effect of interpersonal trust on virtual collaborative relationship performance[J]. MIS Quarterly, 28 (2): 183-227.

Pavaloaia V D. 2013. Methodology approaches regarding classic versus mobile enterprise application development[J]. Informatica Economica, 17 (2): 59-72.

Pearsall M J, Ellis A P J. 2006. The effects of critical team member assertiveness on team performance and satisfaction[J]. Journal of Management, 32 (4): 575-594.

Pearsall M J, Ellis A P J, Bell B S. 2010. Building the infrastructure: the effects of role identification behaviors on team cognition development and performance[J]. Journal of Applied Psychology, 95 (1): 192-200.

Pearsall M J, Ellis A P J, Stein J H. 2009. Coping with challenge and hindrance stressors in teams: behavioral, cognitive, and affective outcomes[J]. Organizational Behavior and Human Decision Processes, 109 (1): 18-28.

Pelled L H, Eisenhardt K M, Xin K R. 1999. Exploring the black box: an analysis of work group diversity, conflict, and performance[J]. Administrative Science Quarterly, 44 (1): 1-28.

Peltokorpi V, Hasu M. 2016. Transactive memory systems in research team innovation: a moderated mediation analysis[J]. Journal of Engineering and Technology Management, 39: 1-12.

Penarroja V, Orengo V, Zornoza A, et al. 2015. How team feedback and team trust influence information processing and learning in virtual teams: a moderated mediation model[J]. Computers in Human Behavior, 48: 9-16.

Perry-Smith J E, Shalley C E. 2014. A social composition view of team creativity: the role of member nationality-heterogeneous ties outside of the team[J]. Organization Science, 25 (5): 1434-1452.

Pillai R, Williams E A. 2004. Transformational leadership, self-efficacy, group cohesiveness, commitment, and performance[J]. Journal of Organizational Change Management, 17 (2): 144-159.

Podolny J M, Baron J N. 1997. Resources and relationships: social networks and mobility in the workplace[J]. American Sociological Review, 62 (5): 673-693.

Podsakoff P, Mackenzie S, Lee J Y, et al. 2003. Common method biases in behavioral research: a critical review of the literature and recommended remedies[J]. Journal of Applied Psychology,

88：879-903.

Polzer J T, Crisp C B, Jarvenpaa S L. 2006. Extending the faultline model to geographically dispersed teams: how colocated subgroups can impair group functioning[J]. The Academy of Management Journal, 49（4）: 679-692.

Prahalad C, Hamel G. 1990. The core competence of the corporation[C]//Hahn D, Taylor B. Strategische Unternehmungsplanung-Strategische Unternehmungsführung. Berlin, Heidelberg: Springer: 275-292.

Prichard J S, Ashleigh M J. 2007. The effects of team-skills training on transactive memory and performance[J]. Small Group Research, 38（6）: 696-726.

Ramachandran V, Gopal A. 2010. Managers'judgments of performance in IT services outsourcing[J]. Journal of Management Information Systems, 26（4）: 181-218.

Rau D. 2005. The influence of relationship conflict and trust on the transactive memory: performance relation in top management teams[J]. Small Group Research, 36（36）: 746-771.

Reagans R, Miron-spektor E, Argote L. 2016. Knowledge utilization, coordination, and team performance[J]. Organization Science, 27（5）: 1108-1124.

Reagans R, Zuckerman E W. 2001. Networks, diversity, and productivity: the social capital of corporate R&D teams[J]. Organization Science, 12（4）: 502-517.

Ren Y, Argote L. 2011. Transactive memory systems 1985–2010: an integrative framework of key dimensions, antecedents, and consequences[J]. Academy of Management Annals, 5（1）: 189-229.

Ren Y, Carley K M, Argote L. 2006. The contingent effects of transactive memory: when is it more beneficial to know what others know?[J]. Management Science, 52（5）: 671-682.

Riketta M. 2005. Organizational Identification: a meta-analysis[J]. Journal of Vocational Behavior, 66（2）: 358-384.

Robert Jr L P, Dennis A R, Ahuja M K. 2008. Social capital and knowledge integration in digitally enabled teams[J]. Information Systems Research, 19（3）: 314-334.

Robert Jr L P, Dennis A R, Ahuja M K. 2018. Differences are different: examining the effects of communication media on the impacts of racial and gender diversity in decision-making teams[J]. Information Systems Research, 29（3）: 525-545.

Rousseau D M, Sitkin S B, Burt R S, et al. 1998. Not so different after all: a cross-discipline view of trust[J]. Academy of Management, 23（3）: 393-404.

Sachdev I, Bourhis R. 1985. Social categorization and power differentials in group relations[J]. European Journal of Social Psychology, 15（4）: 415-434.

Santos C M, Uitdewilligen S, Passos A M. 2015. Why is your team more creative than mine? The influence of shared mental models on intra-group conflict, team creativity and effectiveness[J].

Creativity & Innovation Management, 24 (4): 645-658.

Sarker S, Ahuja M, Sarker S, et al. 2011. The role of communication and trust in global virtual teams: a social network perspective[J]. Journal of Management Information, 28 (1): 273-309.

Schaubroeck J, Lam S S K, Peng A C. 2011. Cognition-based and affect-based trust as mediators of leader behavior influences on team performance[J]. Journal of Applied Psychology, 96 (4): 863-871.

Schippers M C, Homan A C, van Knippenberg D. 2013. To reflect or not to reflect: prior team performance as a boundary condition of the effects of reflexivity on learning and final team performance[J]. Journal of Organizational Behavior, 34 (1): 6-23.

Schneider B, White S S, Paul M C. 1998. Linking service climate and customer perceptions of service quality: test of a causal model[J]. Journal of Applied Psychology, 83 (2): 150-163.

Schoorman F D, Mayer R C, Davis J H. 2016. Empowerment in veterinary clinics: the role of trust in delegation[J]. Journal of Trust Research, 6 (1): 76-90.

Shaw M E. 1964. Communication networks[J]. Advances in Experimental Social Psychology, 1: 111-147.

Shemla M, Kearney E, Wegge J, et al. 2020. Unlocking the performance potential of functionally diverse teams : the paradoxical role of leader mood[J]. Journal of Occupational and Organizational Psychology, 93 (3): 530-555.

Shepherd M M, Briggs R O, Reinig B A, et al. 1995. Invoking social comparison to improve electronic brainstorming: beyond anonymity[J]. Journal of Management Information Systems, 12 (3): 155-170.

Simons T L, Peterson R S. 2000. Task conflict and relationship conflict in top management teams: the pivotal role of intragroup trust[J]. Journal of Applied Psychology, 85 (1): 102-111.

Smedlund A. 2009. Social network structures for explicit, tacit and potential knowledge[J]. International Journal of Knowledge Management, 5 (1): 78-87.

Smith J B, Barclay D W. 1997. The effects of organizational differences and trust on the effectiveness of selling partner relationships[J]. Journal of Marketing, 61 (1): 3-21.

Sparrowe R T, Liden R C, Wayne S J, et al. 2001. Social networks and the performance of individuals and groups[J]. Academy of Management Journal, 44 (2): 316-325.

Stasser G, Stewart D D, Wittenbaum G M. 1995. Expert roles and information exchange during discussion: the importance of knowing who knows what[J]. Journal of Experimental Social Psychology, 31 (3): 244-265.

Stewart G L, Barrick M R. 2000. Team structure and performance: assessing the mediating role of intrateam process and the moderating role of task type[J]. Academy of Management Journal, 43 (2): 135-148.

Stone R W, Henry J W. 2003. The roles of computer self-efficacy and outcome expectancy in influencing the computer end-user's organizational commitment[J]. Journal of Organizational & End User Computing, 15 (1): 38-53.

Sundstrom E, De Meuse K P, Futrell D. 1990. Work teams: applications and effectiveness[J]. American Psychologist, 45 (2): 120-133.

Sung S Y, Choi J N. 2019. Effects of diversity on knowledge sharing and creativity of work teams: status differential among members as a facilitator[J]. Human Performance, 32 (3/4): 145-164.

Szulanski G, Cappetta R, Jensen R J. 2004. When and how trustworthiness matters: knowledge transfer and the moderating effect of causal ambiguity[J]. Organization Science, 15 (5): 600-613.

Tajfel H. 1978. Differentiation Between Social Groups: Studies in the Social Psychology of Intergroup Relations[M]. London: Academic Press.

Tajfel H. 1981. Human Groups and Social Categories: Studies in Social Psychology[M]. Cambridge [Cambridgeshire]: Cambridge University Press.

Tajfel H. 1982. Social psychology of intergroup relations[J]. Annual Review of Psychology, 33: 1-39.

Tajfel H, Turner J C. 1979. An integrative theory of intergroup conflict[C]//Austin W G, Worchel S. The Social Psychology of Intergroup Relations. Monterey: Brooks/Cole: 33-47.

Tang F. 2015. When communication quality is trustworthy Transactive memory systems and the mediating role of trust in software development teams[J]. R & D Management, 45 (1): 41-59.

Tannenbaum S I, Mathieu J E, Salas E, et al. 2012. Teams are changing: are research and practice evolving fast enough?[J]. Industrial and Organizational Psychology, 5 (1): 2-24.

Tekleab A G, Quigley N R, Tesluk P E. 2009. A longitudinal study of team conflict, conflict management, cohesion, and team effectiveness[J]. Group & Organization Management, 34(2): 170-205.

Terborg J R, Castore C, Deninno J. 1976. A longitudinal field investigation of the impact of group composition on group performance and cohesion[J]. Journal of Personality and Social Psychology, 34 (5): 782-790.

Tsai W, Ghoshal S. 1998. Social capital and value creation: the role of intrafirm networks[J]. Academy of Management Journal, 41 (4): 464-476.

Turner J C, Hogg M A, Oakes P J, et al. 1987. Rediscovering the Social Group: A Self-categorization Theory[M]. New York: Blackwell.

Turner K L, Makhija M V. 2006. The role of organizational controls in managing knowledge[J]. The Academy of Management Review, 31 (1): 197-271.

Umphress E E, Labianca G J, Brass D J, et al. 2003. The role of instrumental and expressive social ties in employees' perceptions of organizational justice[J]. Organization Science, 14 (6):

738-753.

Uzzi B, Lancaster R. 2003. Relational embeddedness and learning: the case of bank loan managers and their clients[J]. Management Science, 49（4）: 383-399.

van der Vegt G S, Bunderson J S. 2005. Learning and performance in multidisciplinary teams: the importance of collective team identification[J]. Academy of Management Journal, 48（3）: 532-547.

van Dick R, Grojean M W, Christ O, et al. 2006. Identity and the extra mile: relationships between organizational identification and organizational citizenship behaviour[J] . British Journal of Management, 17（4）: 283-301.

van Dick R, Wagner U, Stellmacher J, et al. 2004. The utility of abroader conceptualization of organizational identification: which aspects really matter?[J]. Journal of Occupational and Organizational Psychology, 77（2）: 171-191.

van Dijk H, Meyer B, van Engen M, et al. 2018. If it doesn't help, it doesn't hurt? Information elaboration harms the performance of gender-diverse teams when attributions of competence are inaccurate[J]. PLoS ONE, 13（7）: e0201180.

van Ginkel W P, van Knippenberg D. 2009. Knowledge about the distribution of information and group decision making: when and why does it work?[J]. Organizational Behavior and Human Decision Processes, 108（2）: 218-229.

van Knippenberg D, de Dreu C K W, Homan A C. 2004. Work group diversity and group performance: an integrative model and research agenda[J]. Journal of Applied Psychology, 89（6）: 1008-1022.

Wallace L, Keil M. 2004. Software project risks and their effect on outcomes[J] . Communications of the ACM, 47（4）: 68-73.

Wang S. 2015. Emotional intelligence, information elaboration, and performance: the moderating role of informational diversity[J]. Small Group Research, 46（3）: 324-351.

Wang Z, Tjosvold D, Chen Y, et al. 2014. Cooperative goals and team performance: examining the effects of advice network[J]. Asia Pacific Journal of Management, 31（3）: 835-852.

Wegner D M. 1987. Transactive memory: a contemporary analysis of the group mind[C]//Mullen B, Goethals G R. Theories of Group Behavior. New York: Springer: 185-208.

Wegner D M. 1995. A computer network model of human transactive memory[J]. Social Cognition, 13（3）: 319-339.

Wegner D M, Erber R, Raymond P. 1991.Transactive memory in close relationships[J]. Journal of Personality and Social Psychology, 61（6）: 923-929.

Wegner D M, Guiliano T, Hertel P T. 1985. Cognitive interdependence in close relationships[C]// Ickes W J. Compatible and Incompatible Relationships. New York: Springer-Verlag: 253-276.

Weick K E, Roberts K H. 1993. Collective mind in organizations: heedful interrelating on flight decks[J]. Administrative Science Quarterly, 38（3）: 357-381.

Wicks A C, Berman S L, Jones T M. 1999. The structure of optimal trust: moral and strategic implications[J]. The Academy of Management Review, 24（1）: 99-116.

Wittenbaum G M, Hollingshead A B, Botero I C. 2004. From cooperative to motivated information sharing in groups: moving beyond the hidden profile paradigm[J]. Communication Monographs, 71（3）: 286-310.

Yang H, Tang J. 2004. Team structure and team performance in IS development: a social network perspective[J]. Information & Management, 41（3）: 335-349.

Yli-Renko H, Autio E, Sapienza H J. 2001. Social capital, knowledge acquisition, and knowledge exploitation in young technology-based firms[J]. Strategic Management Journal, 22（6/7）: 587-613.

Yoo Y, Kanawattanachai P. 2001. Developments of transactive memory systems and collective mind in virtual teams[J]. The International Journal of Organizational Analysis, 9（2）: 187-208.

Zellmer-Bruhn M E, Maloney M M, Bhappu A D, et al. 2008. When and how do differences matter? An exploration of perceived similarity in teams[J]. Organizational Behavior & Human Decision Processes, 107（1）: 41-59.

Zhang Y, Hiltz S R, Zhang Y. 2003. Factors that influence online relationship development in a knowledge sharing community[C]. 9th Americas Conference on Information Systems, AMCIS 2003, Tampa, FL, USA, August 4-6.

Zhang Z X, Hempel P S, Han Y L, et al. 2007. Transactive memory system links work team characteristics and performance[J]. Journal of Applied Psychology, 92（6）: 1722-1730.

Zhong X, Huang Q, Davison R M, et al. 2012. Empowering teams through social network ties[J]. International Journal of Information Management, 32（3）: 209-220.

Zhou S, Siu F, Wang M. 2010. Effects of social tie content on knowledge transfer[J]. Journal of Knowledge Management, 14（3）: 449-463.

附录 调查问卷

一、个人基本信息

姓名：_____ 年龄：_____ 专业班级：_____ 性别：男 女

二、请根据您和团队其他成员进行交流和合作的情况对以下题项进行打分：

（请您在符合您看法的选项所对应成员的表格内打√）

其他成员姓名 题项	成员 1 姓名 _____	成员 2 姓名： _____	成员 3 姓名： _____	成员 4 姓名： _____
1 = 很少，2 = 偶尔，3 = 一般，4 = 经常，5 = 总是				
在任务过程中，我与该成员分享知识或观点的频繁程度	1 2 3 4 5	1 2 3 4 5	1 2 3 4 5	1 2 3 4 5
在任务期间，您与该成员在个人社交方面的沟通有多频繁？（个人社交指与任务无关的交流活动，如谈论兴趣爱好等）	1 2 3 4 5	1 2 3 4 5	1 2 3 4 5	1 2 3 4 5
信任程度描述： 1=我对这位队友没有任何信任可言：我的任何事上我都不会相信他/她。 2=我对这位队友不信任：我只在对我来说不重要的事情上相信他/她。 3=我对这位队友有一定的信任：我会愿意在一些事情上去相信他/她，只要这些事情对我来说不是非常重要。 4=我对这位队友很信任：我愿意在很多事情上相信他/她，包括对我来说很重要的事。 5=我完全信任这位队友：我愿意在任何事情上相信他/她，甚至包括对我来说非常非常重要的事。				
在完成任务的过程中，你对此成员的信任程度？	1 2 3 4 5	1 2 3 4 5	1 2 3 4 5	1 2 3 4 5

三、请您对团队和自己的表现进行打分。其中 1 代表非常不符合、2 代表不太符合、3 代表基本符合、4 代表较为符合、5 代表非常符合。

TP1	团队工作过程经常产生创造性的观点。	1	2	3	4	5
TP2	团队做出了创新的成果。	1	2	3	4	5
TP3	团队总能找到更好的解决方案。	1	2	3	4	5
TP4	团队能做出好的决策。	1	2	3	4	5
TP5	我对团队其他成员感到满意。	1	2	3	4	5
TP6	团队的工作氛围很好。	1	2	3	4	5
TP7	团队成员的凝聚力很强。	1	2	3	4	5

四、请您根据团队合作过程中的沟通与协作情况，对以下情况打分。其中 1 代表非常不符合、2 代表不太符合、3 代表基本符合、4 代表较为符合、5 代表非常符合。

TMS1	我们团队中的每名成员都具有与任务有关的某方面知识。	1　2　3　4　5
TMS2	我具有其他团队成员不了解的与任务有关的知识。	1　2　3　4　5
TMS3	我们每位团队成员各自负责不同方面的专长。	1　2　3　4　5
TMS4	我们团队中不同的成员所具有的专门知识都是完成任务所需要的。	1　2　3　4　5
TMS5	我了解团队成员各自在具体方面的专长。	1　2　3　4　5
TMS6	我能够舒服地接受其他团队成员的建议。	1　2　3　4　5
TMS7	我相信其他成员掌握的有关任务的知识是可以信赖的。	1　2　3　4　5
TMS8	我相信团队中其他成员在讨论中提出的信息是可靠的。	1　2　3　4　5
TMS9	当其他团队成员提供了信息，我总想自己再检查一遍。	1　2　3　4　5
TMS10	我不太相信其他团队成员的专长。	1　2　3　4　5
TMS11	一起工作时我们团队协调得很好。	1　2　3　4　5
TMS12	我们对于该做什么很少产生误解。	1　2　3　4　5
TMS13	我们团队经常需要回头对已经做过的工作重新再做一次。	1　2　3　4　5
TMS14	我们顺利而且有效率地完成任务。	1　2　3　4　5
TMS15	我们对于如何完成任务体会到很多混乱。	1　2　3　4　5